FORMAÇÃO
HUMANÍSTICA

O GEN | Grupo Editorial Nacional – maior plataforma editorial brasileira no segmento científico, técnico e profissional – publica conteúdos nas áreas de concursos, ciências jurídicas, humanas, exatas, da saúde e sociais aplicadas, além de prover serviços direcionados à educação continuada.

As editoras que integram o GEN, das mais respeitadas no mercado editorial, construíram catálogos inigualáveis, com obras decisivas para a formação acadêmica e o aperfeiçoamento de várias gerações de profissionais e estudantes, tendo se tornado sinônimo de qualidade e seriedade.

A missão do GEN e dos núcleos de conteúdo que o compõem é prover a melhor informação científica e distribuí-la de maneira flexível e conveniente, a preços justos, gerando benefícios e servindo a autores, docentes, livreiros, funcionários, colaboradores e acionistas.

Nosso comportamento ético incondicional e nossa responsabilidade social e ambiental são reforçados pela natureza educacional de nossa atividade e dão sustentabilidade ao crescimento contínuo e à rentabilidade do grupo.

Exame nacional da
Magistratura
ENAM

Coordenação
Cleber
Masson

FORMAÇÃO
HUMANÍSTICA

2ª *edição* revista e atualizada

ALVARO DE
AZEVEDO
GONZAGA

EDITORA
MÉTODO

- Direitos exclusivos para a língua portuguesa
  Copyright © 2024 by
  Editora Forense Ltda.
  Uma editora integrante do GEN | Grupo Editorial Nacional
  Travessa do Ouvidor, 11 – Térreo e 6º andar
  Rio de Janeiro – RJ – 20040-040
  www.grupogen.com.br

- Capa: Carla Lemos

- **CIP-BRASIL. CATALOGAÇÃO NA PUBLICAÇÃO**
  SINDICATO NACIONAL DOS EDITORES DE LIVROS, RJ

G65f
2. ed.

    Gonzaga, Álvaro de Azevedo
       Formação humanística / Álvaro de Azevedo Gonzaga ; organização Cleber Masson. - 2. ed. – [2. Reimp]. – Rio de Janeiro : Método, 2025.
       160 p. ; 24 cm.   (Exame Nacional da Magistratura - ENAM)

    Inclui bibliografia
    material suplementar
    ISBN 978-85-3099-531-7

    1. Direito - Brasil. 2. Direito - Filosofia. 3. Sociologia jurídica. 4. Serviço público - Brasil - Concursos. I. Masson, Cleber. II. Título. III. Série.

24-92650
               CDU: 340.12

Gabriela Faray Ferreira Lopes - Bibliotecária - CRB-7/6643

Apresentação

O Exame Nacional da Magistratura (ENAM) foi criado pela Resolução n. 531, editada pelo Conselho Nacional de Justiça (CNJ) no dia 14 de novembro de 2023.

Suas finalidades consistem em *(a)* instituir habilitação nacional como pré-requisito para inscrição nos concursos da magistratura, de modo a garantir um processo seletivo idôneo e com um mínimo de uniformidade; *(b)* fazer com que o processo seletivo valorize o raciocínio, a resolução de problemas e a vocação para a magistratura, mais do que a mera memorização de conteúdos; e *(c)* democratizar o acesso à carreira da magistratura, tornando-a mais diversa e representativa.

Trata-se de exame eliminatório (e não classificatório), cuja aprovação é imprescindível à inscrição preliminar em concursos de todas as carreiras da magistratura. Não há necessidade de superar as notas de relevante parcela dos demais candidatos. Basta alcançar a pontuação mínima exigida de 70% para a ampla concorrência, ou 50%, no caso de candidatos autodeclarados negros ou indígenas.

A prova, de caráter objetivo, abrange as seguintes disciplinas: Direito Administrativo, Direito Civil, Direito Constitucional, Direito Empresarial, Direito Penal, Direito Processual Civil, Direitos Humanos e Noções Gerais de Direito e Formação Humanística.

Na condição de coordenador da presente coleção, escolhemos professores qualificados, com indiscutível experiência na preparação para provas e concursos públicos. Bruno Betti Costa, Monica Queiroz, Rafael de Oliveira Costa, Alexandre Gialluca, Alexandre Freitas Câmara, Marcelo Ribeiro, Valerio Mazzuoli e Alvaro de Azevedo Gonzaga são expoentes da docência, reconhecidos por toda a comunidade jurídica.

Os livros que integram esta coleção visam à preparação objetiva e completa para o ENAM, fornecendo as informações necessárias para a sua aprovação, inclusive com a utilização de recursos didáticos diferenciados, consistentes em quadros e gráficos repletos de conteúdo.

Além disso, as obras não se esgotam nos textos impressos. Você, leitora ou leitor, tem acesso ao Ambiente Virtual de Aprendizagem (AVA), dotado de materiais complementares, questões para treino e aperfeiçoamento do aprendizado, bem como de vídeos com dicas dos autores.

Bons estudos e muito sucesso nessa jornada. Conte conosco!

Cleber Masson

Promotor de Justiça em São Paulo. Doutor e Mestre em Direito Penal pela Pontifícia Universidade Católica de São Paulo (PUC-SP). Professor de Direito Penal no Curso G7 Jurídico. Palestrante e conferencista em todo o Brasil.

Um passo a mais, em direção à Magistratura mais humana

O recrutamento de magistrados – e de outros profissionais da área jurídica em carreiras estatais – esbarra nas recorrentes polêmicas. O concurso público de provas e títulos ainda é considerado o menos imperfeito dos critérios, pois concilia o aspecto democrático – todos podem se submeter às provas – e a feição meritocrática – só os melhores conseguirão superar a avaliação.

Nada obstante, a seleção se faz entre os egressos da Faculdade de Direito, uma instituição respeitável, mas ainda conservadora e, em certa medida, anacrônica. Ao criar as duas primeiras Escolas Jurídicas em 1827, com o intuito de produzir uma burocracia autóctone, o primeiro Imperador, Pedro I, trouxe o modelo disponível: o de Coimbra. Era aquele conhecia e do qual dispunha.

A Universidade de Coimbra, para implementar o seu curso de direito, baseara-se na de Bolonha. Embora esta escola date do século XIII, o estudo jurídico tivera início institucionalizado no século VIII. Ou seja: não é heresia dizer que o padrão de ensino jurídico no Brasil já possuía mil anos quando aqui introduzido.

Quais as modificações estruturais a que se submeteu a Faculdade de Direito neste território tupiniquim? Persistiu a compartimentação de disciplinas, cada qual sem dialogar com as demais. É o ensino que propõe a memorização de textos: legislação, doutrina e alguma jurisprudência.

A educação jurídica universitária replica o modelo deficiente das fases anteriores: ensino fundamental e médio. Prioriza o adestramento do educando para que decore informações. Não percebeu que estas nunca estiveram tão acessíveis e disponíveis em tão grande quantidade. Basta um clique num instrumento eletrônico e se adentra a um universo colorido, sonoro, sedutor e persuasivo, que supera o interesse do ouvinte por uma preleção rotineira.

Assim como a criança tem sua capacidade mnemônica treinada durante os anos iniciais, com absoluto desconhecimento das demais necessidades de um ser em crescimento, que precisa de outra formação, o jovem continua entregue para uma escola que só insiste em memorização.

As competências socioemocionais são negligenciadas. Não há preocupação em aferir a empatia, a capacidade de comunicação, o dom de se adaptar à incerteza e ao inesperado, o treino para a mudança de rumo que é uma característica de nossa era. Disso resulta que, enquanto o infante, pela pouca idade, se subordina à disciplina escolar, o adolescente procura fugir dessa fase aborrecida, sem atrativo, desinteressante.

Por isso é que a evasão no Ensino Médio parece uma chaga irremovível do sistema. E os defeitos dessa educação homogeneizante, como se todas as pessoas fossem iguais e não singulares, transparece nos baixíssimos níveis de preparo dos formados. A obtenção de um diploma é fácil. Já o desempenho de uma profissão, o êxito na autorrealização pessoal, a conquista de novos horizontes, é façanha reservada a poucos.

O Poder Judiciário percebeu, ainda que tardiamente, ser vítima dessa formação jurídica formalista, rígida e resistente à absorção de novos horizontes. Instituiu as Escolas da Magistratura, a exemplo da esmerada preparação de diplomatas – o Itamaraty – os centros de formação das Forças Armadas e os antigos Seminários da Igreja Católica. Ocorre que são poucas as Escolas da Magistratura que se devotam ao preparo de candidatos à carreira. Concentram seus esforços no aprimoramento e na atualização. Isso é insuficiente para as carências de um Judiciário que tem o desafio de concretizar as promessas do constituinte de 1988, aquele que mais acreditou no sistema Justiça na História do Constitucionalismo pátrio.

Melhores propostas não faltam. O Estado de São Paulo encetou uma experiência inovadora, que seria a seleção de candidatos à Magistratura destinados a um estágio na Escola Paulista da Magistratura. Não houve adesão ao modelo, que foi abandonado antes mesmo de evidenciar qualquer resultado.

Persiste o método que se repete ao longo dos anos. Forma-se uma Comissão ad hoc, integrada por um advogado indicado pela OAB e por quatro desembargadores, cada qual representando uma das seções do Tribunal, nem sempre com experiência docente ou condições de aferir outros atributos do candidato que não seja o decorar de textos.

Diante do crescente número de candidatos, realiza-se uma prova preambular, cuja correção é entregue à tecnologia e cujos testes seguem o padrão da múltipla escolha. Critério que elimina a participação de inúmeros vocacionados, para privilegiar os treinados em técnicas mnemônicas.

O CNJ – Conselho Nacional de Justiça, o derradeiro órgão do Poder Judiciário criado pelo constituinte derivado quando da Emenda Constitucional 45, de 2004, foi pensado para planejar o sistema Justiça. Exerce em plenitude a sua vocação normativa e instituiu um Exame Nacional como requisito prévio à inscrição nos diversos concursos de ingresso à Magistratura. Afinal, o Brasil possui quase cem tribunais, todos eles providos de autonomia para o recrutamento de novos quadros funcionais.

A saudável inspiração precisa ser aprimorada, para incluir aquilo que realmente interessa quanto ao efetivo, eficaz e eficiente exercício da jurisdição: o interessado precisa atender a um chamado distinto daquele em busca de uma estabilidade em cargo público. O chamado vocacional. A voz que o conclama a fazer Justiça. Não é o preparo técnico o único talento exigível. É mais importante a sensibilidade, o absoluto respeito à dignidade da pessoa humana, seja qual for a situação em que ela se apresente perante o Estado-juiz.

A virtude da compaixão, do humanismo em sua mais pura concepção, o colocar-se no lugar do outro, não se aprende na legislação ou na doutrina jurídica. Pode estar em alguma jurisprudência, produzida por uma alma peculiarmente provida dessa excepcional qualidade que é sentir-se integrante do gênero humano e irmanar-se com qualquer outro semelhante, a ponto de sentir suas dores.

Aqui entra a contribuição de Alvaro Azevedo Gonzaga, um erudito Mestre em humanidades, a trazer preciosos elementos de Filosofia, Sociologia, Psicologia, todos impregnados de ética, a matéria-prima de que mais se ressente a nação brasileira.

Um percurso proficiente, desde a Antiguidade até nossos dias, se faz em linguagem acessível, sem transigir com a profundidade e a exatidão, de maneira a familiarizar o futuro Magistrado – ou Promotor de Justiça, Defensor Público, Procurador, Delegado de Polícia ou delegatário dos serviços extrajudiciais – com o que é muito mais importante do que decorar lei, doutrina e jurisprudência.

A Justiça brasileira precisa de comprometimento com o resultado final: reduzir a carga de angústia e sofrimento que recai sobre os humanos em peregrinação por este maltratado planeta. Decisões judiciais não são elaboradas para figurar em repertórios jurisprudenciais, mas para aliviar a alma dos seres atormentados que necessitam do estamento estatal encarregado de solucionar controvérsias.

O talento de Alvaro Azevedo Gonzaga, nome consolidado no Direito, na docência e na prática diária dos misteres que auxiliam o próximo a galgar etapas no trajeto da perfectibilidade, conseguiu oferecer uma obra-síntese que se presta a conferir upgrade na seleção de futuros magistrados.

Sua leitura também realimenta o ânimo daqueles que já se encontram nas trincheiras da concretização do justo e que podem, às vezes, se desalentar, diante de tantos embaraços encontrados num Brasil que ainda é, lamentavelmente, campeão nas desigualdades e em todas as tonalidades da injustiça.

Prenuncia-se uma jornada exitosa para este livro que supre a mais evidente lacuna da sistemática de seleção de quadros funcionais para as carreiras jurídicas estatais: o comprometimento com o real objetivo a que elas se propõem. Restaurar a higidez desse bem intangível a que se denomina Justiça e que é tão vilipendiada, mutilada e flagelada – e de forma ininterrupta – em todos os rincões de nossa Pátria.

José Renato Nalini
Reitor da UNIREGISTRAL, docente da Pós-graduação da
UNINOVE, Secretário-Executivo das Mudanças Climáticas de
São Paulo e ex-Presidente do TRIBUNAL DE JUSTIÇA DO ESTADO
DE SÃO PAULO.

Sumário

CAPÍTULO 1 – FILOSOFIA DO DIREITO 1

1. O que é Filosofia? 1
   1.1 Qual é a diferença entre Ciência, Filosofia e conhecimento vulgar? 3
   1.2 A estrutura do conhecimento 4
2. Filosofia do Direito 5
   2.1 Direito e moral 6
   2.2 O jusnaturalismo e o direito natural 9
      2.2.1 Jusnaturalismo x Juspositivismo 9
      2.2.2 O jusnaturalismo ao longo da história 10
3. Filosofia na Antiguidade 12
   3.1 Os sofistas e os pré-socráticos 12
   3.2 Os socráticos 14
   3.3 Platão 15
   3.4 Aristóteles 19

3.5	Epicurismo	24
3.6	Estoicismo	26
4.	Filosofia na Era Medieval	27
4.1	Santo Agostinho	28
4.2	São Tomás de Aquino	30
5.	A Modernidade	32
5.1	Contratualismo	32
5.2	Thomas Hobbes	33
5.3	René Descartes	34
5.4	Immanuel Kant	36
5.5	Hegel	37
5.6	Stuart Mill	39
5.7	Herbert Hart	40

CAPÍTULO 2 – TEORIA DO DIREITO 47

1.	As Teorias e a Organização Sistemática do Direito	47
2.	A Revolução Francesa e o positivismo jurídico	48
2.1	O sistema fechado de Hans Kelsen	49
2.2	Teoria Pura do Direito, o problema da justiça, a ilusão da justiça e o que é a justiça?	49
2.2.1	Autonomia e autossuficiência do Direito	50
2.2.2	Hierarquia das normas	51
2.3	A abertura do sistema com Norberto Bobbio	52
2.3.1	Ordenamento jurídico	53
2.3.2	Mudança de posicionamento	54
2.4	O realismo jurídico de Alf Ross	55
3.	A superação do modelo lógico formal pela lógica do razoável	58
3.1	Luis Recaséns Siches	59

3.2 John Rawls e uma teoria da justiça 61

    3.2.1 Estrutura básica de sociedade 64

4. Modelos de decidibilidade 65

    4.1 Modelo subsuntivo 66

    4.2 Modelos de decidibilidade 67

    4.3 Modelo da argumentação ou da tópica 69

        4.3.1 A tópica no modelo da argumentação 69

5. O pensamento jurídico brasileiro 70

    5.1 Miguel Reale 70

        5.1.1 O culturalismo em Reale 72

        5.1.2 Nomogênese jurídica 72

    5.2 Tercio Sampaio Ferraz Junior 74

6. Direito e ideologia 74

CAPÍTULO 3 – ÉTICA E ESTATUTO JURÍDICO DA MAGISTRATURA NACIONAL 79

1. A posição da Ética no âmbito da Filosofia 79

2. Finalidade e racionalidade ética 80

3. Partes da Ética e suas distinções 81

4. A Ética e as leis 84

5. Dever, virtudes e vícios 84

    5.1 Dever 84

    5.2 Virtudes e vícios 88

6. Moral pessoal e moral social 90

7. A gnosiologia e as teorias éticas 92

    7.1 Ética utilitarista: o hedonismo, o epicurismo e a teoria de Jeremy Bentham 93

    7.2 Ética altruísta: a moral cristã e o positivismo 94

7.3 Ética racionalista: o eudemonismo racional, a moral estoica e a ética formal 95

8. Ética na Magistratura 96

CAPÍTULO 4 – SOCIOLOGIA DO DIREITO 107

1. Conceitos preliminares 107

2. Os precursores da Sociologia 110

3. Os fundadores da Sociologia 112

   3.1 Augusto Comte 113

   3.2 Herbert Spencer 115

   3.3 Karl Marx 116

4. A relação entre Sociologia e Filosofia 117

5. Sociologia *do* ou *no* Direito? O Direito como Ciência Social 120

6. Algumas subdivisões da Sociologia do Direito 125

   6.1 Microssociologia do Direito ou Sociologia Sistemática do Direito 125

   6.2 Sociologia Diferencial do Direito 126

   6.3 Sociologia Genética do Direito 127

   6.4 A proposta de Recaséns Siches 127

   6.5 O sociologismo jurídico de Léon Duguit 128

7. A sociologia jurídica na França 128

   7.1 Émile Durkheim 128

   7.2 Léon Duguit 130

   7.3 Henri Lévy-Bruhl 132

   7.4 Marcel Mauss 132

   7.5 Georges Gurvitch 132

   7.6 Sociólogos franceses contemporâneos 133

8. A sociologia jurídica na Alemanha 133

8.1　Max Weber 134

8.2　Eugen Ehrlich 134

8.3　Novos rumos da sociologia jurídica alemã 135

BIBLIOGRAFIA 141

Para otimizar ainda mais seus estudos, consulte o Ambiente Virtual desta coleção com **Dicas, Gabarito do exame anterior, questões para treino, videoaulas, artigos** e conteúdos extras. Instruções de acesso na orelha da capa.

Capítulo 1

Filosofia do Direito

1. O QUE É FILOSOFIA?

O termo Filosofia tem origem grega, em que Filo quer dizer "amigo" e Sofia significa "conhecimento" ou "sabedoria". Desse modo, Filosofia significa "amizade pela sabedoria". Sua função seria a de buscar despertar a reflexão em prol da verdade, pensar o mundo, a fim de adaptá-lo às crescentes necessidades e mudanças que existem.

Para Marilena Chauí (1984, p. 16-17), a Filosofia pode ser entendida de quatro diferentes maneiras. Na primeira, a Filosofia estaria vinculada a uma visão de mundo de um povo, de uma civilização ou de uma cultura. Já na segunda, a Filosofia seria uma contemplação do mundo e dos homens para nos conduzir a uma vida justa, sábia e feliz, e estaria vinculada, portanto, à ideia de sabedoria de vida. No terceiro possível entendimento sobre o que é Filosofia, busca-se distingui-la da religião num esforço racional para conhecer o universo como uma totalidade ordenada e dotada de sentido. Por fim, na quarta definição, a Filosofia busca ocupar-se do conhecimento de princípios que visam ser racionais e verdadeiros, fundamentando seus conhecimentos e práticas de maneira teórica e crítica.

Em sentido analítico, podemos entender que a Filosofia pode ser dividida em: lógica, especulativa e prática.

Esquematicamente, podemos visualizar assim:

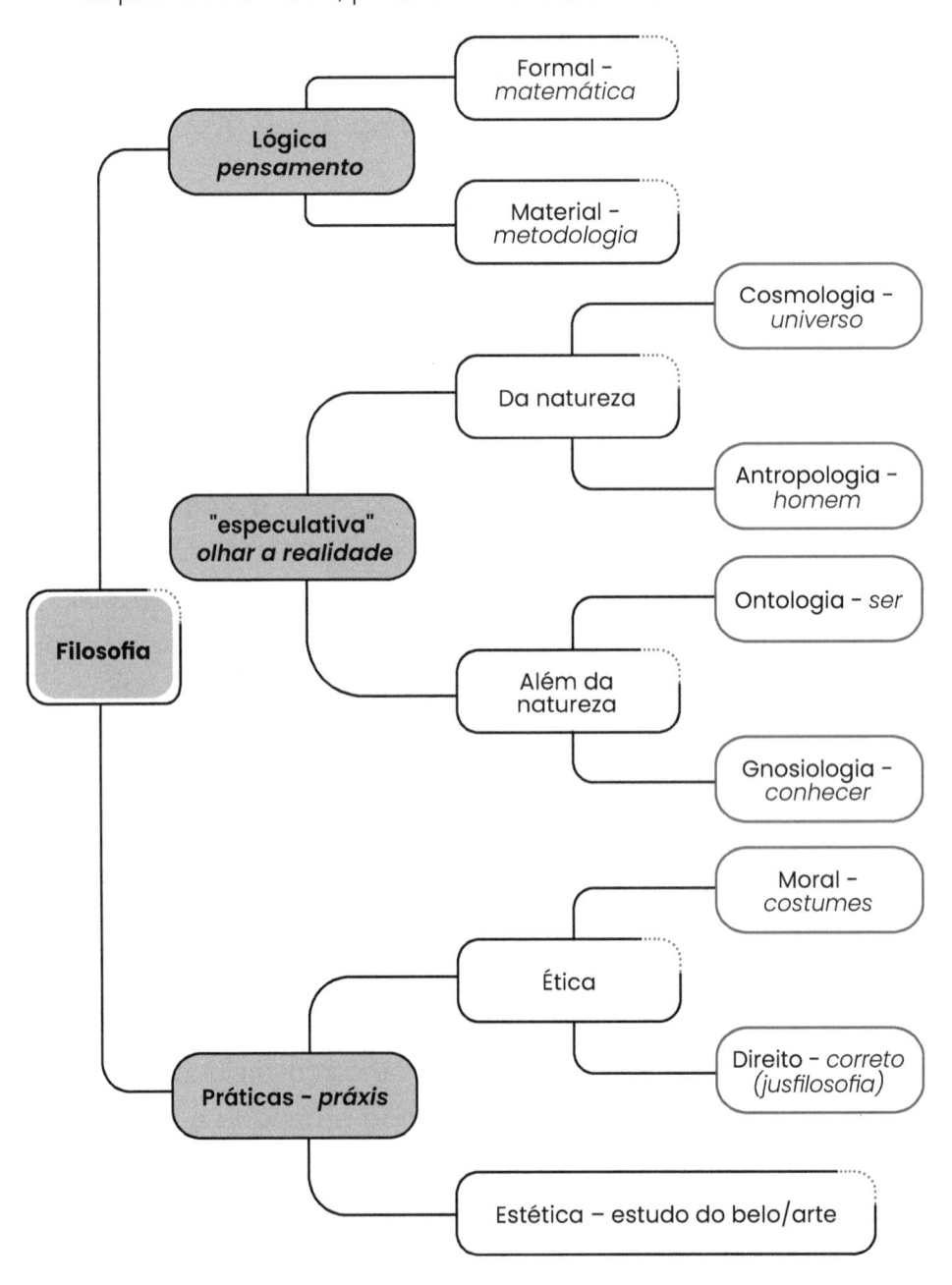

A busca por princípios é uma das principais missões do pensamento filosófico. A Filosofia representa, portanto, o esforço em atingir, com certeza e universalidade, todos os princípios ou razões da realidade, em uma plena interpretação da experiência humana. Nesse sentido, ao filósofo cabe buscar incessantemente uma totalidade de sentidos, integrando e situando o homem e o cosmo (mundo). Para isso, é necessário que ele tenha sempre uma atitude crítico-filosófica para que possa agir, de um lado, de maneira negativa, em que, ao buscar a verdade, negue o senso comum e seus próprios pré-conceitos; e, de outro lado, de maneira positiva, no sentido de questionar constantemente "os porquês" das coisas.

1.1 Qual é a diferença entre Ciência, Filosofia e conhecimento vulgar?

A fim de pensarmos o que difere a Ciência da Filosofia e do pensamento vulgar, vamos iniciar com a **Ciência**. Esta tem como uma de suas principais características o fato de partir sempre de um ou mais pressupostos particulares, que geralmente são constituídos de objetos da mesma natureza, e, por meio de experiência, criar suas conclusões.

Ao contrário da Ciência, a **Filosofia** investiga objetos de todas as naturezas e com caráter universal, o que, por sua vez, impossibilita a realização de experiências. Além disso, a Filosofia não parte de pressupostos. De maneira autônoma, ela parte de si mesma e consegue chegar a suas próprias conclusões, sempre em busca de pressupostos ou dos princípios últimos.

Por fim, o **conhecimento vulgar** trata-se do conhecimento do qual nos valemos no cotidiano. Apesar de ser verídico em muitos casos, não passou por qualquer processo de verificação racional, ordenada e metódica, que seria o caso do conhecimento científico.

Atenção

Você sabe a diferença entre doxa e episteme? Doxa é a opinião não verificável, enquanto episteme é o conhecimento experimentado e posto à prova. Para ilustrar, imagine dois moradores de um prédio, sendo que ambos moram em apartamentos na mesma direção, mas separados por um andar. Suponha que o vizinho de cima resolve molhar as plantas na janela com uma mangueira, fazendo com que o vizinho de baixo pense estar chovendo (isso seria doxa), porém um observador externo, e mesmo quem molha a planta, julgando o todo, sabe que não está (episteme).

Importante

Dogmática x Zetética

No Direito, de acordo com Tercio Sampaio Ferraz Junior, temos a dicotomia complementar nas técnicas de decisão do Direito com sua zetética e dogmática.

- **Dogmática:** do grego *dokéin*, significa ensinar, doutrinar, e visa buscar respostas para qualquer tipo de investigação.
- **Zetética:** do grego *zétein*, visa procurar, inquirir, ou seja, busca perguntas e não respostas.

1.2   A estrutura do conhecimento

A estrutura do conhecimento pode ser composta por:

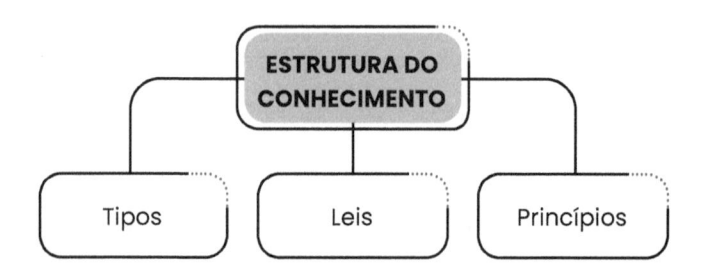

Vejamos o que constitui cada um deles.

Tipos: são formas de ordenação da realidade em estruturas ou esquemas visando torná-los representativos no que há de essencial entre os elementos que se interessa conhecer. No conhecimento científico, geralmente vêm em forma de *tipologia* ou *categorização*.

> **Atenção**
>
> Vale frisar que o tipo, nesse caso, em nada se assemelha com o ***Princípio da Tipicidade*** do Direito Penal ou do Direito Tributário, por exemplo.

Leis: trata-se da sua acepção mais geral, as leis que enunciam a estrutura e o desenvolvimento da experiência jurídica e governam os elementos da realidade jurídica, como fato social.

Princípios: apesar de ter duas possíveis acepções, uma de natureza moral e outra de ordem lógica, cabe-nos aqui focarmos na segunda, que consiste em verdades ou juízos fundamentais, que servem de base para um conjunto de juízos, ordenados em um sistema de conceitos relativos a determinada realidade. No Direito, os princípios são buscados pela Filosofia do Direito e, quando positivados (escritos), passam a fazer parte da Ciência do Direito.

2. FILOSOFIA DO DIREITO

O Direito é um fenômeno universal, uma expressão da convivência social, e, portanto, suscetível de indagação filosófica. Apesar de não existir uma Filosofia própria do Direito, a partir de Hegel, começamos a notar certa autonomia para investigar problemas de ordem exclusivamente jurídica, ainda que com a permanência de vínculo com a Filosofia, o que se passou a denominar como Filosofia do Direito.

Para o Direito, a Filosofia é importante, tanto para a formação teórica como para a formação prática dos futuros juristas, por auxiliar no desenvolvimento do raciocínio crítico e na capacidade de criação de novas soluções para os problemas jurídicos. Além disso, é na Filosofia do Direito que encontramos o ponto de encontro reflexivo de todas as áreas do Direito e também o ponto de convergência do sistema jurídico: a busca pela justiça e pela igualdade social.

> **Importante**
>
> Em sua atuação, o jurista seria um cientista do Direito ao construir sua Ciência a partir de certos pressupostos, fornecidos pela lei. Por outro lado, o filósofo do Direito converte tais pressupostos em um problema, para poder encontrar uma verdade.

Assim, a Filosofia do Direito busca:

- criticar as práticas, atitudes e atividades dos operadores do Direito e juristas;
- avaliar e questionar a atividade legislativa, bem como oferecer suporte reflexivo ao legislador;
- proceder à avaliação do papel desempenhado pela Ciência jurídica e do próprio comportamento do jurista perante ela;
- depurar a linguagem jurídica, os conceitos filosóficos e científicos do Direito, bem como analisar a estrutura lógica das proposições jurídicas;
- investigar a eficácia dos institutos jurídicos, sua atuação social e seu compromisso com as questões sociais;
- desmascarar as ideologias que orientam a cultura da comunidade jurídica, os pré-conceitos que orientam as atitudes dos operadores do Direito.

2.1   Direito e moral

Historicamente, os romanos foram os precursores do Direito e o definem como a arte do bom e do justo. No entanto, foi apenas posteriormente, com o apóstolo Paulo, quando afirmou "todas as coisas me são lícitas, mas nem tudo me convém", que se passou a pensar a separação entre o Direito e a moral.

Em 1713, o iluminista Thomasius apresenta a distinção entre Direito e moral no que tange à coercibilidade como marca do Direito, o que será observado, mais à frente, também em Fichte e Kant, com a doutrina da total separação do Direito e da moral.

A partir de então, outros filósofos pensarão sobre o tema, conforme tabela a seguir:

Austin	Traz o contraponto de que, para uma lei ser válida, ela precisa ser, direta ou indiretamente, estabelecida pelo soberano, independentemente de seu conteúdo moral.
Hart	Distingue os conceitos de Direito e moral, entendendo que eles representam fenômenos sociais diferentes, ainda que se relacionem.
Tercio Sampaio Ferraz Junior	Também distingue os conceitos de Direito e moral, mas reconhece similaridades entre eles, dado seu caráter prescritivo, o estabelecimento das obrigações objetivas e o fato de que ambos são elementos intrínsecos à convivência, pois, se não há sociedade sem direito, também não há sociedade sem moral.

Algumas teorias também nos ajudam a verificar os pontos comuns e divergentes entre moral e Direito. São elas:

- **Teoria do Mínimo Ético:** de acordo com a teoria de Georg Jellinek, o *Direito* representa apenas o mínimo de *moral* declarado obrigatório. Ou seja, "tudo que é jurídico é moral, mas nem tudo que é moral é jurídico".

- **Teoria de Miguel Reale:** o autor se contrapõe ao pensamento de Georg Jellinek, pois acredita que existem campos do Direito que não são morais ou imorais, ou seja, apenas regulam fatos, sendo, portanto, amorais.

Principais características do Direito e da moral

- **Coercibilidade:** o Direito é *coercível* e a moral não o é, porque o Direito utiliza instrumentos voltados a coagir alguém a praticar algo ou se omitir por força dos mandamentos jurídicos; já a moral prevê que a pessoa aja conforme sua convicção moral, de maneira espontânea.

Atenção

O art. 1.696 do Código Civil dispõe que o direito à prestação de alimentos é recíproco entre pais e filhos, e extensivo a todos os ascendentes, recaindo a obrigação nos mais próximos em grau, uns em falta de outros.

Nesse caso, o Direito diz que deve o filho pagar pensão alimentícia ao pai, e, caso não pague, será punido (coerção).

Entretanto, caso o filho pague pensão ao pai, isso não o obriga a acreditar que deva fazê-lo (moral). Desse modo, não há coerção moral no segundo caso.

- **Heteronomia:** significa que outra pessoa (*hetero*) faz a lei (*nomos*), ou seja, devemos seguir conforme aquilo que não necessariamente queremos, mas que foi legislado por outrem (por exemplo, Estado); já a moral é autônoma, pois, ainda que os valores que seguimos tenham sido incutidos em nós, quem escolhe segui-los ou não é o indivíduo.

- **Bilateralidade:** tanto o Direito quanto a moral são bilaterais, uma vez que em todas as relações existem duas ou mais pessoas que se relacionam.

- **Atributividade:** no Direito, sempre se afere um valor para o ato praticado, ao passo que na moral não se deve esperar algo objetivamente na relação.

2.2 O jusnaturalismo e o direito natural

2.2.1 *Jusnaturalismo x Juspositivismo*

O **jusnaturalismo** é a escola que estuda e acredita na existência de um **direito natural** (*ius naturale*), ou seja, um sistema de normas de conduta intersubjetivas que têm validade em si, se difere do sistema constituído pelas normas fixadas pelo Estado (direito positivo), sendo anterior e, inclusive, superior a ele. Para os jusnaturalistas, em caso de conflito, é o direito natural que deve prevalecer.

Importante

É a oposição da doutrina do positivismo jurídico, segundo a qual só há um direito, o estabelecido pelo Estado, cuja validade inde-pende de qualquer referência a valores éticos (BOBBIO; MAT-TEUCCI, 2005, p. 656).

A fim de melhor analisar o jusnaturalismo, é importante estu-dar as diferentes ideias surgidas ao longo da História da huma-nidade, desde a Antiguidade, passando pela Medievalidade e pela Modernidade (com a ruptura do pensamento jusnatura-lista teocêntrico e a inclusão do elemento racional moderno de Hugo Grócio).

Também importa o estudo do jusnaturalismo racional para con-cluirmos com a visão contemporânea do jusnaturalismo, que o extrai da história e culmina, invariavelmente, na pessoa humana.

Já o **juspositivismo** é a escola que não acredita que possa existir um jusnaturalismo que justifique o Direito. Trata-se de uma concepção monista, pois, de acordo com ela, existe apenas um sis-tema jurídico, que é aquele consistente pelas normas postas pelo legislador. Por não acreditar no jusnaturalismo, não haveria, aqui, a possibilidade de conflito entre o direito natural e o direito positivo.

> **Atenção**
>
> *Positivismo jurídico* é o nome da escola, e direito posto significa o Direito escrito.

2.2.2   *O jusnaturalismo ao longo da história*

As primeiras manifestações de jusnaturalismo foram encontradas na Grécia Antiga, em Platão, e incidentalmente em Aristóteles, elaborado principalmente pelos estoicos. Para eles, toda a natureza era governada por uma lei universal racional e imanente. O romano Cícero, inclusive, defende a existência de uma lei "verdadeira" que, conforme a razão, é imutável e eterna, e que impossibilitaria, ainda, que o homem violasse a própria natureza humana.

> **Importante**
>
> A tragédia de Sófocles, *Antígona*, é um excelente símbolo para demonstrarmos a ideia da existência de um "justo por natureza", que se contrapõe a um "justo por lei". As ordens da autoridade política não podem se sobrepor às eternas, às dos deuses.
>
> Antígona deseja enterrar seu irmão Polinice, que atentou contra a cidade de Tebas, mas o tirano da cidade, Creonte, promulgara uma lei, impedindo que os mortos que atentaram contra as normas da cidade fossem enterrados – o que era uma grande ofensa para o morto e sua família, pois a alma não faria a transição adequada ao mundo dos mortos. Antígona, enfurecida, volta-se, sozinha, contra a norma imposta e enterra o irmão, desafiando todas as leis da cidade. Antígona é, então, capturada e levada até Creonte, que a sentencia à morte.

Ao longo da Idade Média, mais precisamente no século XII, Graciano desenvolveu a doutrina de um direito natural identificada com a Lei dos Dez Mandamentos, que Deus revelou a Moisés, e com o Evangelho. Posteriormente, São Tomás de Aquino reafirma que a lei natural seria a fração da ordem imposta pela mente de Deus, presente na razão do Homem.

Chegando à Idade Moderna, ocorre a ruptura com a teocracia, influenciada pela Reforma Protestante de Calvino. Esse período pode ser entendido como o berço do jusnaturalismo moderno, através das ideias de Hugo Grócio.

Grócio coloca o direito natural diante de uma nova perspectiva, ao buscar fundamentá-lo enquanto um direito válido para todos os povos, o que, posteriormente, será a base para o Direito Internacional. Ao romper com a lógica teocrática, abre caminho no campo da moral, do Direito e da Política, promovendo a cultura laica e vinculando o Direito à razão, ao entendê-lo como independente não só da vontade de Deus, mas também da sua própria existência.

Já no século XIX, a insurgência dos governos democráticos faz com que a teoria jusnaturalista de um Direito fundamentado pela razão e que se propõe a ser universalmente válido vá ao encontro das necessidades de oferecer as bases doutrinárias para uma reforma legislativa que busca atender aos anseios da maioria.

No início do século XX, o positivismo jurídico ganha força e Hans Kelsen começa a solidificá-lo com sua Teoria Pura do Direito. Porém, com o advento da Segunda Guerra Mundial, o jusnaturalismo retoma sua expressão, diante da necessidade de controle maior sobre os Estados, que acabam por resgatar os valores morais defendidos por essa doutrina. Esse novo momento do jusnaturalismo, no entanto, considerava o direito natural como histórico e não mais universal e imutável.

3. FILOSOFIA NA ANTIGUIDADE

3.1 Os sofistas e os pré-socráticos

Os **sofistas** eram professores viajantes que ensinavam conhecimentos práticos que atendessem às necessidades de seus alunos, com foco especial no sucesso dos negócios públicos e privados. Suas lições consideravam que não haveria uma verdade única e absoluta, sendo tudo relativo ao contexto. Seus ensinamentos buscavam desenvolver lógicas de raciocínios que dotariam a pessoa com o poder de argumentação retórica e que seriam utilizados para convencer sua plateia da tese defendida, além do conhecimento de outras doutrinas.

Os **pré-socráticos** eram empíricos, também conhecidos como os filósofos da natureza e *cosmocêntricos*. Têm como fundamentadores os chamados sete sábios: Tales de Mileto; Periandro de Corinto; Pítaco de Mitilene; Bias de Priene; Cleóbulo de Lindos; Sólon de Atenas; Quílon de Esparta.

Filósofos pré-socráticos:

Tales de Mileto	Viveu aproximadamente entre 624-546 a.C. Considerado o primeiro filósofo da História da humanidade, inventou a palavra filosofia. Procurava na natureza um elemento de que todas as coisas se originassem e para a qual voltassem, tendo identificado a água como principal elemento para explicar a origem de tudo. Astrólogo, considerava a lua como um corpo opaco que recebia a luz do sol, calculava as mudanças da lua e do sol, previa eclipses e dividia o ano em 365 dias.
Anaxímenes de Mileto	Viveu entre 588-524 a.C. Para ele, o mundo veio do ar, pois este elemento tem atributos magníficos, tais como a imensidade, o infinito e o movimento.

Anaximandro de Mileto	Viveu entre 610-546 a.C. Foi astrônomo e geógrafo. Seus trabalhos mais importantes são na Cosmogonia, isto é, na descrição hipotética da criação do mundo. Crítico do pensamento de Tales de Mileto, Anaximandro afirma que não se pode explicar a origem dos elementos da natureza pelos próprios elementos. Acredita que há um princípio indeterminado, o *ápeiron*, que seria "um motor imóvel que movimenta os motores móveis", o qual tudo inclui, tudo governa.
Anaxágoras de Clazômenas	Viveu entre 500-428 a.C. Foi um dualista, pois acrescentou o *nous* (espírito ou inteligência) aos elementos físicos que compõem a realidade. *O nous* seria uma força de natureza imaterial capaz de ordenar as coisas.
Heráclito de Éfeso	Viveu entre 540-476 a.C. Para ele, tudo é constante processo; nada é estático.
Parmênides de Eleia	Viveu entre 515-450 a.C. Para esse filósofo, a essência não muda. As pessoas podem até mudar, a água pode até não ser a mesma, mas a sensação, a lembrança, a essência do ato praticado é sempre a mesma.
Pitágoras de Samos	Viveu entre 582-497 a.C. Foi filósofo e matemático. O ideal de sua matemática vem do *belo*. Observa a natureza pelas cordas e sons de instrumentos musicais e, com isso, prova algumas de suas teorias matemáticas. Na matemática, criou o conhecido Teorema de Pitágoras, no qual a soma dos quadrados dos catetos é igual ao quadrado da hipotenusa.

3.2   Os socráticos

Consideram-se socráticos os pensadores que tinham uma preocupação antropológica (fundamentada no homem). Seu nome deriva de Sócrates, mestre de Platão.

Sócrates (470-399 a.C.) foi um dos pensadores mais importantes da tradição filosófica ocidental, retratado por Platão como mestre da razão e da busca pela verdade.

A máxima socrática *"só sei que nada sei"* vem de sua percepção da complexidade das coisas. Como os conhecimentos transmitidos na época seguiam a lógica dos sofistas, que não tinham compromisso com a verdade, Sócrates percebe que todos os conhecimentos não são necessariamente verdadeiros, e, desse modo, coloca em dúvida o que supostamente sabe, afirmando nada conhecer.

Porém, Sócrates acreditava que conhecer a verdade seria retornar aos conceitos esquecidos, presentes em nós. Para que chegássemos à verdade absoluta, ou à *doxa*, seria necessário utilizar o *método dialético*, que consiste na busca das verdades absolutas ou dos esquecimentos universais.

A dialética divide-se em exortação e indagação; esta, por sua vez, se divide em refutação e maiêutica.

a) *Exortação*: convite ao diálogo;

b) *Indagação*: questionamento do tema que será dialogado:

- *Refutação*: exposição dos preconceitos para que possamos rebatê-los;
- *Maiêutica*: nascimento do conhecimento.

De acordo com o método dialético, o conhecimento deve passar por um estágio de gestação até chegar ao seu nascedouro (maiêutica – o parto). Sócrates fazia uma analogia com a função de sua mãe, parteira, e dizia que, assim como as mulheres conseguem gerar uma vida após um tempo de gestação, o homem pode gerar o conhecimento, a verdade, também a partir de uma gestação. Dessa forma, enquanto às mulheres cabia parir uma vida, aos homens cabia parir uma verdade (= conhecimento).

Importante

"Assim se justifica a técnica socrática de investigação filosófica a que Platão chamava sua 'maiêutica'. Sócrates, segundo ele, pretendia ter herdado esta arte da interrogação de sua mãe, parteira. Ora, dizia ele, de acordo com os costumes religiosos, só as mulheres que não podem mais parir é que podem fazer partos, quer dizer, conforme o caso, conduzir o parto a bom termo suavizando as dores, ou fazer abortar. 'Minha arte maiêutica tem as mesmas atribuições gerais. A diferença é que se aplica aos homens e não às mulheres, e é as almas que auxilia no trabalho de parto, não aos corpos" (WOLFF, 1987, p. 54-55).

3.3   Platão

Platão viveu entre 427-348 a.C. Em sua teoria, diferencia o corpo da alma, não sendo o corpo objeto do conhecimento. Para ele, o corpo seria um obstáculo para conhecermos o real, por fazer parte do campo das sensações e, portanto, estar em constante mutação. Como a alma está no pensamento, é considerada imutável, de modo que só é acessível pelo intangível. Isso faria dela a expressão verdadeira do indivíduo, que pode, assim, ter acesso ao real.

Platão ficou conhecido pelos seus diálogos, que demonstram uma mudança no seu pensamento ao longo dos tempos e que podem ser divididos em três fases:

Primeira fase – Socrática: nesta fase os diálogos têm em Sócrates a figura central e giram em torno de questões morais. Neles, as ideias apresentadas são distantes das defendidas por Platão ao longo do tempo.

Com destaque especial para as questões que interessam ao Direito, podemos citar *Protágoras*, uma obra que classifica a justiça *latissimo sensu*. O tema gira em torno de questões como a justiça e a separabilidade ou unidade das virtudes cardinais, quais sejam: justiça, coragem, temperança, sabedoria e piedade (prudência). Tais virtudes, de acordo com Patão, podem existir juntas ou separadas, argumento com o qual Sócrates não concorda. Ele acredita que todas as virtudes cardinais são encontradas juntas, e apresenta quatro argumentos a fim de uni-las. A teoria da união entre as virtudes cardinais, como sendo personificação do justo, pode ser considerada uma classificação da justiça *latissimo sensu*.

> ### Atenção
>
> Nos diálogos de juventude (*Protágoras*), as virtudes são em número de cinco (saber, justiça, coragem, temperança e piedade). Entretanto, nos diálogos de transição, as virtudes de excelência são apenas quatro, uma vez que piedade passa a não ser considerada uma virtude distinta da justiça, mas sim uma extensão desta.

Segunda fase – Média: caracteriza-se por um questionamento da conhecida doutrina das ideias. Na maioria dos diálogos, Platão insere Sócrates no ponto central dos temas e tem nele o "porta-voz" de suas doutrinas. Esta fase é conhecida como da justiça *lato sensu*.

Em **A República (ou Da justiça),** após diversas críticas feitas à teoria apresentada na obra *Protágoras* sobre a unidade ou inseparabilidade das virtudes, Platão revê seu posicionamento apresentando uma nova teoria, que é disposta na obra *A República* (ou *Da justiça*). Nela, Platão apresenta a justiça ideal, parte do indivíduo, com sua análise da tripartição da alma até a organização da *polis*, trazendo uma ideia de organização social justa e ideal.

A cidade platônica justa é dividida em três grupos: os produtores, os guardiões e os sábios, e cada indivíduo poderá exercer uma única ocupação, aquela para a qual se encontre naturalmente habilitado. Assim, os produtores ligam-se à virtude (chamada de temperança), os guardiões ligam-se à coragem e os sábios ligam-se à sabedoria. Desse modo, para Platão, os produtores são temperantes, os guardiões são temperantes e corajosos e os governantes são temperantes, corajosos e sábios.

Quanto à justiça, esta reside em cada indivíduo cuidar do que lhe diz respeito, devendo zelar por suas atribuições, pois, dessa forma, na cidade, residirá a justiça como algo que deve ser partilhado por todos.

> **Você precisa ler**
>
> Indicamos muito o estudo de *A República* (ou *Da justiça*), principalmente no que tange à classificação da justiça ideal para Platão, que consiste na justiça *lato sensu*.

Terceira fase – Maturidade: após diversas críticas à doutrina das ideias, Platão começa a se questionar e dedica-se a um estudo de coisas novas e simples. Esta fase é conhecida como da justiça *stricto sensu*.

> **Você precisa ler**
>
> Indicamos muito o estudo e análise da obra *As leis*, na qual Platão apresenta a necessidade da coercibilidade no Direito, bem como uma organização de leis para que os cidadãos possam participar de maneira plena da *polis*.

Na obra *República* é apresentado o conceito de justiça platônico. Após as críticas recebidas por essa teoria, em *As leis* Platão propõe que, para a organização de uma sociedade justa, é necessário o elemento coercitivo, bem representado no Mito de Giges, sendo tal proposta identificada por ele como segundo melhor modelo de cidade. Além disso, nesses doze livros fica não só demonstrada a manutenção da proposta de organização social da *República*, mas também se verifica a preocupação de propor uma organização legislativa positiva a fim de coagir aquele que viva na égide do signo da injustiça.

Importante

Giges é um mito que narra a história de um pastor que encontra um anel que possibilita ficar invisível. Ao descobrir isso, não se vê alvo da coercibilidade estatal. Pratica, portanto, diversos atos tidos como ilegais, matando o rei e usurpando o trono, por exemplo. Só pratica esses atos pois vê que não pode ser punido.

A seguir apresentaremos a obras platônicas separadas por fase:

Primeira Fase	Segunda Fase	Terceira Fase
Cármides (temperança)	*A República* (Livros II a X)	*Parmênides*
Críton (dever)		*Teeteto*
Eutífron (piedade)	*Hípias Maior*	*Sofista*
Hípias Menor (falsidade)	*O Banquete*	*Político*
Íon (a *Ilíada*)	*Mênon*	*Timeu*
Laques (coragem)	*Fedro*	*Crítias*
Górgias (Livro I da *República*)		

3.4   Aristóteles

Aristóteles viveu entre 384-322 a.C. Nascido em Estagira, pode ser considerado um dos maiores filósofos da história da Grécia. Foi discípulo de Platão e rompeu com este, apresentando sua própria teoria.

Ao contrário de Platão, Aristóteles busca em seus estudos propor a aplicabilidade de suas ideias no mundo sensível. Para isso, escreveu diversos tratados para falar sobre a ética, dentre eles: Ética Eudemos, Ética Maior e Ética a Nicômaco.

Em sua teoria, entendia que todas as coisas têm uma finalidade e o bem é aquilo a que todas as coisas visam. Tais finalidades podem ser em si mesmas (na ação) ou distintas da ação, mas todas devem visar a algum bem, pois, desse modo, agiremos conforme os preceitos da Ética.

Além disso, Aristóteles apresenta a bipartição da alma, que, ao serem conjugadas, nos levariam à Ética. Essa bipartição compreende:

*   Excelência ou virtude moral: trata-se da parte irracional da alma, relacionada com os sentimentos (emoções). Para atingi-la, devemos buscar o meio-termo, a justa medida, a fim de conseguirmos o equilíbrio.

*   Excelência ou virtude intelectual: trata-se da parte racional da alma, relacionada às capacidades intelectuais e a todos os campos que envolvam a razão, tais como a Ciência, a técnica e a sabedoria filosófica.

A questão do meio-termo e a deficiência moral remetem ao fato de que devemos buscar o meio-termo a fim de encontrarmos o equilíbrio. Caso não o encontremos, teremos uma alma deficiente e, consequentemente, não buscaremos a felicidade. No campo da virtude ou excelência moral, aquele que não busca o meio-termo é um deficiente moral vivendo com o excesso ou a falta de alguma coisa.

Exemplo:

Excesso	Meio-termo	Falta
Prodigalidade	Liberalidade	Avareza
Comer muito	Comer o suficiente	Comer pouco

Já a falta de excelência intelectual gera o medo, a insegurança e a dependência, transformando a pessoa em deficiente intelectual.

A excelência moral considerada mais elevada e perfeita é a *justiça*, pois nela se resume toda a excelência. Além de sintetizar as outras excelências, a justiça é, ao mesmo tempo, individual e coletiva, sendo a prática efetiva da excelência moral. Assim, para Aristóteles, o juiz é uma figura fundamental para efetivação da justiça e, por conta disso, deve se valer constantemente de todos os conhecimentos para que possa alcançar a verdade e, consequentemente, decidir de maneira justa. Além disso, o juiz deve ser experiente, não podendo ser "jovem em experiências", entendendo, com isso, que experiência não se relaciona apenas e tão somente com idade, mas com *imaturidade*, ou "juventude de vivências".

A busca da verdade é um elemento essencial na teoria aristotélica. Nesse sentido, para atingir a verdade, é necessário compreender os três elementos da alma, que governam a ação refletida e a percepção da verdade, e as cinco disposições da alma, que fazem com que se alcance a verdade por meio da afirmação ou da negação. Tais elementos se dividem conforme segue:

Elementos da alma	Disposições da alma
1. *Sensação*: está ligada à alma científica ou à intuição.	1. *Arte*: disposição ligada à criação, não à ação.

Elementos da alma	Disposições da alma
2. *Pensamento*: está ligado à alma deliberativa ou calculativa, consistindo no pensamento racional.	2. *Ciência* ou *conhecimento científico*.
3. *Desejo*: está ligado à alma deliberativa e científica, ligando-se ao cultural.	3. *Discernimento*: os caminhos que devo utilizar para chegar à verdade.
	4. *Sabedoria filosófica*: conhecimento da maturidade; a inteligência que liga nossa essência a Deus.

Quanto à *justiça*, Aristóteles também a classifica da seguinte maneira:

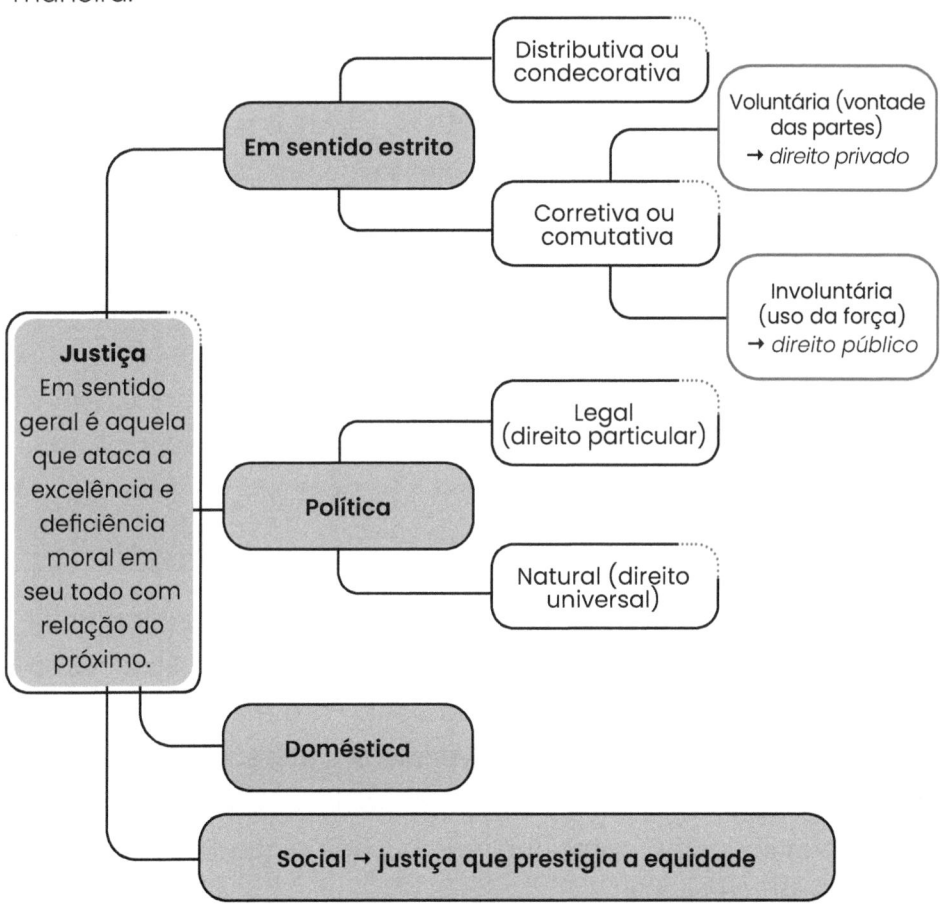

- *Justiça em sentido geral*: aquela que tem como foco a excelência e a deficiência moral em seu todo em relação ao próximo;

- *Justiça em sentido estrito*: divide-se em distributiva e corretiva. A justiça distributiva ou condecorativa é aquela que busca premiar alguém que, de algum modo, tenha se mostrado virtuoso dentro da *polis*, devendo esse prêmio ser proporcional à virtude demonstrada. Já a justiça corretiva ou comutativa pode ser voluntária ou involuntária. A justiça corretiva voluntária é aquela que diz respeito às relações jurídicas criadas, fruto da livre manifestação das partes envolvidas, muito se assemelhando ao atual direito privado. Já a justiça corretiva involuntária trata do direito público e, na maioria das vezes, é extraída do Direito Penal.

Atenção

O que determina se um ato é justo ou injusto é sua voluntariedade da conduta. Existem três espécies de danos nas relações entre as pessoas. A primeira espécie é aquela causada na ignorância: não é o agente que imagina a ação, ocorre um infortúnio; na segunda espécie, há um resultado contrário à expectativa do razoável, o que não pressupõe deficiência moral, é um erro; por fim, existe a possibilidade de agir consciente, mas não deliberadamente: o ato é injusto, mas não significa que o agente é mau ou injusto, isso se a ofensa não for devido a uma deficiência moral.

A essa justiça corretiva, tanto voluntária como involuntária, aplica-se a razão aritmética, que foi uma das primeiras explicações sobre a ideia de proporcionalidade da pena. Para entendê-la melhor, tem-se que, em princípio, todos viveriam em paz social até que um delito fosse praticado. A fim de se restabelecer a paz social, deve haver uma sanção proporcional que busque o equilíbrio, conforme exemplificado a seguir:

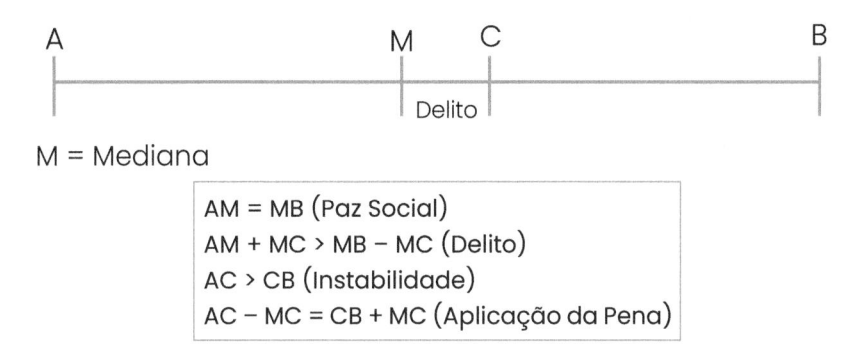

M = Mediana

AM = MB (Paz Social)
AM + MC > MB − MC (Delito)
AC > CB (Instabilidade)
AC − MC = CB + MC (Aplicação da Pena)

- **Justiça política:** aquela justiça da *polis* para com o cidadão, que em parte é legal, em parte é natural, e que nos leva à classificação da justiça particular e universal.

    Para Aristóteles,

    > (...) a Justiça política é em parte natural e em parte legal; são naturais coisas que em todos os lugares têm a mesma força e não dependem de as aceitarmos ou não, e é legal aquilo que a princípio pode ser determinado indiferentemente de uma maneira ou de outra, mas depois de determinado já não é indiferente.

    Quanto ao *direito* ou à *justiça particular*, contém as leis escritas que regulam a vida de uma comunidade política específica, ou seja, é aquele direito ou justiça que garante determinadas questões para um grupo. Já o *direito* ou a *justiça universal* contém todos os princípios não escritos (mas inscritos, inerentes) na natureza humana que devem vigorar inteiro, universalmente, ou seja, é um direito ou uma justiça que abriga a todos.

- **Justiça doméstica:** é a justiça incondicional de um amo ou um pai para com seu escravo ou filho.

- **Justiça social:** relacionada à questão da equidade.

    Além dos tipos de justiça, Aristóteles também classifica os tipos de injustiça, que são dois: a injustiça em sentido geral e a injustiça em sentido estrito. A *injustiça em sentido geral* consiste na ilegalidade, relacionando-se com honra, dinheiro ou segurança, sendo sua motivação o prazer decorrente do ganho. Por sua vez, a *injustiça em sentido estrito* liga-se ao iníquo, ou seja, relaciona-se com tudo que está na esfera de ação do homem bom.

Por fim, a máxima aristotélica "tratar igualmente os iguais, desigualmente os desiguais na medida das suas desigualdades" guarda grande relação com a questão da equidade.

> **Importante**
>
> Aristóteles explica a diferença entre a equidade e o equitativo na distinção da régua de ferro e da régua de chumbo de Lesbos: uma régua era utilizada na construção de grandes monumentos e edificações de pedras na Ilha de Lesbos, na Grécia.
>
> Tal régua, flexível, adaptava-se aos desníveis, imperfeições e especificidades da pedra. A régua de ferro é fantástica para medir planícies, mas tem uma enorme dificuldade em medir regiões irregulares; por seu turno, a régua de Lesbos consegue medir tanto regiões planas quanto regiões com irregularidades.
>
> Nos casos concretos também existirão irregularidades, e não existe melhor maneira de julgar do que pela *equidade* capaz de avaliar plenamente a situação concreta. Por conta disso, com a régua de Lesbos sempre será possível medir; com a régua de ferro, não.
>
> Hodiernamente, a justiça extraída pelo critério equitativo se baliza pelo critério da igualdade formal e a justiça extraída à luz da equidade baliza-se pela igualdade material, de que se extrai a frase "Tratar igualmente os iguais, desigualmente os desiguais na medida das suas desigualdades".

3.5 Epicurismo

A **escola epicurista** surgiu nos arredores de Atenas e era conhecida por seus lindos jardins, nos quais seu precursor, Epicuro de Samos (341-270 a.C.), ministrava suas aulas, ficando, por esse motivo, também conhecida como "filosofia do jardim". Entre os epicuristas mais conhecidos temos Menequeu, Heródoto, Pítocles, Metrodoro, Hermarco e Colotes.

Para entendermos o pensamento epicurista, precisamos antes entender seu conceito de felicidade. Ela seria entendida como a ausência de dores no corpo e perturbação na alma. Além disso, a felicidade não depende da nobreza, da riqueza, dos deuses ou das conquistas exteriores, pois o homem só é feliz quando é autônomo e independente de condicionantes exteriores.

Em linhas gerais, a escola epicurista considera que a realidade é plenamente penetrável e compreensível pela inteligência do homem, e, com isso, em diversas situações o homem pode construir sua felicidade, precisando apenas de si mesmo.

Além disso, os epicuristas têm no prazer a finalidade do homem, e os desejos são o meio de acesso a esse prazer e, consequentemente, na doutrina epicurista, à felicidade. Para Epicuro, existem três escalas de desejos:

a) os necessários e naturais (comer, beber, dormir etc.);

b) os não necessários e naturais (desejo sexual, desejo de exageros alimentares etc.);

c) os não necessários e não naturais/artificiais (desejo ilimitado de poder, ganância, arrogância etc.).

Quanto à **ética epicurista**, essa escola propõe ao homem que experimente o mundo a partir das sensações. Essa percepção de mundo que ele começa a ter, do visível e do invisível (por analogia, razão ou comparação), faz com que sinta e consiga formar um conhecimento a partir de suas experiências. Tais experiências propõem um arcabouço para que o homem consiga distinguir o que é bom e o que é ruim, o prazer da dor, o natural e o não natural.

Tal doutrina foi objeto de muitas críticas, como a afirmação de que não pode ser no prazer que a razão encontra seu ponto máximo.

3.6   Estoicismo

Corrente filosófica que surge por volta do ano 312 a.C., aproximadamente 25 anos depois do epicurismo, tendo Zenão como maior filósofo dessa escola à época.

O estoicismo se divide em três períodos. O primeiro é o estoicismo antigo, entre os séculos IV e VI a.C.; o segundo é o estoicismo médio, entre os séculos II e I a.C.; e o terceiro é o novo estoicismo: época do Império Romano, que assume tons religiosos e de meditação moral, sendo este último o momento em que o estoicismo ganha maior força e tem grande destaque, sendo Cícero (106–43 a.C.) o grande baluarte dessa escola.

Os estoicos diziam que a Filosofia poderia ser vista como uma árvore; nas raízes estaria localizada a lógica; no tronco, a física; e, nos frutos, a ética.

Nessa doutrina, entende-se que a base do conhecimento é a sensação, ou seja, aquilo que afeta os sentidos. Sendo assim, a sensação é uma impressão provocada pelos objetos sobre os nossos órgãos sensoriais, e que se transmite à alma, nela se imprimindo e gerando a representação. É preciso, porém, um consentir, um aprovar do *logos*, que está em nossa alma, ou seja, o *logos* atua sobre nossas impressões. Temos, então, a representação compreensiva.

Quanto à física estoica, esta baseia-se em três pontos:

a) o ser é o que tem a capacidade de agir e sofrer, nesses termos, o ser é corpo;

b) ser e corpo são idênticos, portanto, temos um materialismo monista;

c) Deus penetra toda a realidade. Deus é inteligência, mas também é natureza.

Já a ética estoica consiste na busca da felicidade, que se alcança vivendo segundo a natureza. Existem três princípios para esta vida:

a) conservar-se a si mesmo;

b) apropriar-se do próprio ser e de tudo que é necessário para a sua conservação;

c) conciliar-se consigo mesmo, saber o que você é, possuir auto-crítica. Conciliar-se com as coisas que são conforme sua essência.

São esses princípios que nos trazem a noção do bem segundo a ética estoica. Como o homem é um ser racional, o bem é o que conserva e incrementa a razão; e o mal é o que danifica a razão.

Assim, a sabedoria e a virtude tornam o homem livre e feliz. Sabedoria e virtude significam erradicar e eliminar todas as paixões, tornar-se sereno e indiferente aos sofrimentos impostos pelo destino.

Trata-se da *apatia estoica* — elimina-se toda piedade, compaixão e misericórdia, pois estes são defeitos e vícios da alma. O sábio não se comove em favor de quem quer que seja; não é próprio do homem forte deixar-se vencer pela piedade e afastar-se da justa severidade.

4. FILOSOFIA NA ERA MEDIEVAL

Ao contrário do que popularmente se é falado, a Idade Média foi um período de síntese e conciliação dos postulados religiosos com os postulados filosóficos gregos, que iniciaram diversas correntes de pensamento de grande importância para a formação da cultura jurídica, filosófica e teológica mundial.

Neste capítulo, optamos por destacar dois grandes nomes da Idade Média, quais sejam: Aurélio Agostinho, na patrística, que perpetrou a fusão do platonismo com o cristianismo, e Tomás de Aquino, na escolástica, que, por sua vez, perpetrou a fusão do aristotelismo com o cristianismo.

4.1   Santo Agostinho

O bispo de Hipona é considerado por alguns comentadores como o último dos pensadores antigos, posto que, cronológica e tematicamente, viveu no contexto do pensamento antigo. Porém, outros entendem que ele foi o primeiro pensador medieval, já que sua obra influencia fortemente os rumos que tomaria o pensamento medieval em seus primeiros séculos.

Entendemos que ele pode ser visto como um pensador de transição, porque está temporalmente na Idade Antiga e filosoficamente na Idade Média.

Na antropologia agostiniana, Deus criou o homem livre e dotado de vontade, sendo ele o único ser que usa o livre-arbítrio contra a sua própria natureza. Ao se afastar do ser e caminhar para o não ser, aproxima-se do mal e comete os pecados, pelos quais é o responsável. Pelo pecado, o homem transgride a lei divina, pois, feito para ater-se mais à alma, prende-se ao corpo e à matéria, caindo na ignorância e invertendo os valores da existência. Nesse sentido, portanto, o homem está condenado e só é salvo pela graça divina.

Agostinho buscava os conceitos de belo, bem e justo. Apresenta um dualismo que remete ao visto no mundo sensível e no inteligível de Platão, entretanto, acrescenta o elemento religioso para fundamentar suas propostas ideais, tais como a de uma República Cristã.

Na obra máxima de sua filosofia, *Cidade de Deus,* busca refutar a acusação de que a causa principal da decadência do Império Romano do Ocidente teria sido sua adesão ao Cristianismo, quando o tornou religião oficial do Estado.

Nela, parte da premissa de que existem *dois tipos de seres humanos,* que vivem misturados, e o que distingue uns dos outros é o direcionamento de seu amor, podendo ser eles:

- os que *amam a si mesmos* até o ponto de desprezar a Deus, denominados por Agostinho como "Cidade dos Homens", tendo como exemplo o Império Romano, sob os césares pagãos;

- *os que amam a Deus* até o ponto de desprezar a si mesmos, que seriam os seguidores dos Mandamentos e dos ensinamentos de Cristo e formariam o conjunto dos habitantes do Céu enquanto vivem sobre a terra, na "Cidade de Deus".

A partir da dicotomia entre as duas cidades, surge a concepção agostiniana acerca do justo e do injusto, que concebe uma transcendência que se materializa na dicotomia existente entre o que é da Cidade de Deus (*lex aeterna*) e o que é da Cidade dos Homens (*lex temporalem*), na qual prevalece a da Cidade de Deus, pois esta é eterna e perfeita.

Nesse sentido, sua concepção de justiça pode ser chamada de neoplatônica, pois dá forma às tradicionais dualidades que Platão trazia em suas obras, tais como o mundo sensível e o mundo inteligível, presente em Agostinho na dualidade entre a Lei de Deus e a Lei dos Homens; corpo e alma; terreno e divino; mutável e imutável; transitório e perene; imperfeito e perfeito; relativo e absoluto, entre outras.

A justiça agostiniana, por sua vez, também poderia ser dividida em duas:

- **Justiça *inter homines*:** que se realiza como decisão humana em sociedade e tem como fonte basilar a lei humana, ou lei temporal, responsável por comandar o comportamento humano.

- **Justiça e a lei divina:** aquela que a tudo governa, que a tudo preside dos altiplanos celestes; de sua existência brota a própria ordenação das coisas em todas as partes, ou seja, em todo o universo.

A lei divina, além de absoluta, imutável, perfeita e infalível, é infinitamente boa e justa, assim como o julgamento que se faz com base nela. Nessa concepção, Deus separa os bons dos maus e lhes confere o que merecem.

Por fim, para Santo Agostinho existem três tipos de leis: a lei eterna, a lei natural e a lei humana.

- **Lei eterna:** lei em que reside a razão divina, refletindo-se na *lei natural*.

- **Lei natural:** é a lei esculpida em nossos corações, sendo a participação da criatura racional na ordem do Universo.

- **Lei humana:** aquela que deve se basear no direito (lei) natural, que é a manifestação da lei eterna.

A lei eterna inspira a lei humana, da mesma forma que a natureza divina inspira a natureza humana, o que faz com que a *fonte última de toda lei humana seja a própria lei divina que se manifesta na lei natural.*

Todavia, as eventuais imperfeições da lei humana derivam direta e francamente das imperfeições do homem, pois este é falível, podendo ser injusto, e isso decorre apenas da própria pobreza do espírito humano. Em um conflito entre a *lei eterna* e a *lei humana*, deve prevalecer a *lei eterna*, uma vez que esta, seguramente, não buscou a inspiração certa naquela.

4.2 São Tomás de Aquino

A filosofia de São Tomás (1225-1274), intrinsecamente ligada aos Sagrados Escritos, destaca-se pela síntese do pensamento aristotélico e influências de Boécio, Alberto Magno e Santo Agostinho. Seus escritos abordam temas que vão além da metafísica, incluindo política social, Direito e justiça, refletindo uma abordagem holística para os interesses humanos.

Para São Tomás, o homem é uma dualidade de corpo (*corpus*) e alma (*anima*), em que o corpo, sendo matéria perecível, colabora para o aprimoramento da alma, considerada incorruptível e imortal, preenchendo não apenas a vida humana, mas também a dos animais e vegetais.

A prova da existência de Deus ocupa um papel central em seu pensamento, fundamentando muitas de suas ideias. Deus é concebido como o princípio exterior que direciona o homem para o bem por meio da lei e da graça. A lei, para São Tomás, é a medida dos atos humanos, orientando-os para alcançar o fim último: a felicidade pública e particular.

Summa Theologica, uma das obras fundamentais, busca explorar as questões da fé à luz da razão, sendo a Filosofia um instrumento auxiliar da teologia. Dividida em três partes, aborda Deus, o movimento em direção a Deus e, não concluída, Cristo.

São Tomás mergulha na análise da justiça, apresentando-a como uma virtude ética fundamental. Definindo o ato de justiça como um hábito de atribuir a cada um o que lhe é devido, ele destaca sua importância na formação de indivíduos bons e na realização de boas obras.

As virtudes, conforme São Tomás, dividem-se em intelectuais e morais. As virtudes intelectuais especulativas incluem o intelecto, a sindéresis e a sabedoria, enquanto as práticas envolvem a arte e a prudência.

No âmbito das virtudes morais, São Tomás se assemelha às virtudes platônicas, destacando prudência, justiça, fortaleza e temperança. A justiça, por sua vez, desdobra-se em tipos específicos, como a justiça legal, a justiça comutativa e a justiça distributiva.

A justiça legal, voltada para o bem comum, a justiça comutativa, reguladora das relações entre particulares, e a justiça distributiva, que coordena a distribuição de bens de acordo com o mérito na sociedade, são minuciosamente exploradas.

São Tomás também aborda a relação entre justiça e Direito, argumentando que o Direito é um instrumento para alcançar a justiça, não sendo equivalente a ela. Quatro tipos de leis são delineados, sendo a lei eterna a abrangente e completa, a lei divina a revelada por Deus, a lei natural uma participação racional na lei eterna e a lei humana, relativa e convencional.

No tocante ao direito de resistência, São Tomás destaca a supremacia da lei eterna sobre a positiva, enfatizando que a desobediência é justificada apenas quando há conflito entre ambas. Além disso, ele estabelece requisitos para uma lei positiva justa, incluindo sua conformidade com a lei natural e a promoção do bem comum.

A atividade judicante, segundo São Tomás, é a efetivação da justiça. O julgamento, baseado nas leis escritas que expressam o direito natural, busca reequilibrar as partes, restaurando a igualdade rompida. A legitimidade do julgamento é condicionada à conformidade com a inclinação justa, a autoridade investida e a inspiração pela prudência.

Em suma, a filosofia intricada e abrangente de São Tomás de Aquino transcende seu tempo, influenciando o pensamento não apenas na teologia, mas também na ética, na política e na jurisprudência. Sua busca pela harmonia entre fé e razão continua a inspirar gerações e a enriquecer a compreensão da natureza humana e divina.

5. A MODERNIDADE

5.1 Contratualismo

O contratualismo consiste, basicamente, na concepção de que os homens viviam em um Estado de Natureza (sem organização estatal), que é alterado para um Estado Político ou Civil por meio de um Contrato Social, surgido por opção dos participantes. O conteúdo do Estado de Natureza, do Contrato Social e do Estado Político varia conforme o entendimento de cada pensador. Nesse sentido, os teóricos contratualistas buscam, em suas teorias, compreender a formação da sociedade moderna, bem como propor uma organização política e jurídica, tendo como seus maiores expoentes Thomas Hobbes, Jean-Jaques Rousseau e John Locke, os quais estudaremos adiante.

5.2 Thomas Hobbes

Thomas Hobbes (1588-1679), nascido em Westport, Wiltshire, foi um renomado filósofo e político inglês cujas ideias exerceram grande influência no campo da filosofia política. Ele é notadamente conhecido pelo seu empirismo, evidenciado em sua obra seminal *Leviatã*, na qual utiliza a metáfora de um monstro bíblico para representar o Estado, concebendo-o como um ente artificial que zela pelo bem-estar e proteção do homem natural, e também em *De Cive* (1642), outra obra significativa na qual explora questões políticas e sociais.

A relação de Hobbes com o Direito é central em sua filosofia política, sendo abordada nas duas obras supracitadas, nas quais ele oferece uma visão particular sobre o papel do Direito no contexto da sociedade civil e do Estado. Nessa reflexão, entende a condição humana no Estado de Natureza como predominantemente dotada de **paixões naturais**, como orgulho, vaidade e individualismo. Em contraposição, postula a existência de uma **lei natural** inerente, que desenvolve no homem sentimentos de justiça, equidade, piedade e modéstia.

Nesse sentido, a transição do Estado de Natureza para a Sociedade Civil é marcada pela criação do Leviatã, o **Estado soberano**, no qual as **leis civis** são impostas por esse soberano, que exerce poder repressivo para manter a ordem e proteger os indivíduos.

Hobbes, apesar de aceitar a existência da lei natural, subordina-a às leis civis por entender que o soberano, ao legislar, positiva o direito natural, tornando-o uma extensão do Direito Civil. Para muitos, o fato de Hobbes reconhecer a lei natural, ainda que a colocando sob a autoridade soberana, faz dele um jusnaturalista *sui generis*.

Como já se é possível notar, a visão de Hobbes sobre o Direito é profundamente enraizada em sua concepção do Estado soberano, enfatizando a importância da autoridade centralizada na manutenção da ordem e na garantia dos direitos dos indivíduos dentro da sociedade civil. Para isso, ele atribui grande importância à clareza na escrita da lei, desenvolvendo uma teoria da linguagem, segundo a qual, no Estado de Natureza, a linguagem seria caótica, e a lei escrita pelo soberano, por meio da lei positiva, unificaria e tornaria precisa a linguagem, evitando ambiguidades.

No contexto da ausência de um **Poder Judiciário** autônomo, Hobbes aborda a figura do juiz, destacando que este julga conforme a lei bem escrita, evitando dúvidas. Em casos de lacunas na lei, o juiz deve agir conforme o pensamento do Leviatã.

Ao abordar o **Contrato Social**, Hobbes destaca seus aspectos linguísticos, argumentando que ele estabelece um sistema unitário de comunicação no novo sistema político. O Poder Legislativo, segundo Hobbes, representa a razão pública que define o certo ou errado com base nos princípios da legalidade e da letra adequada.

5.3 René Descartes

René Descartes (1596-1650), nascido em La Haye, França, deixou uma marca indelével no cenário filosófico e científico do século XVII. Sua influência, especialmente através do racionalismo, teve um impacto significativo no desenvolvimento do pensamento moderno.

Descartes foi não apenas um filósofo, mas também um cientista ativo. Seu trabalho em geometria, em física e na investigação da natureza humana demonstra sua abordagem multidisciplinar. Contemporâneo de Galileu, ele desempenhou um papel fundamental na fundamentação da nova Ciência natural emergente, defendendo a validade dessa Ciência contra os erros dos modelos aplicados na Ciência antiga.

O filósofo francês tinha como um de seus principais objetivos estabelecer um método científico verdadeiro que orientasse a Ciência para o desenvolvimento do conhecimento. Esse método é apresentado em sua obra *Discurso do método*, na qual ele propõe preceitos essenciais. Dentre eles, destaca-se a dúvida hiperbólica, um conceito que sugere questionar tudo, despir-se de preconceitos e buscar a verdade de maneira sistemática e generalizada.

O famoso princípio *Cogito, ergo sum* (Penso, logo existo) reflete a busca de Descartes por uma base indubitável para o conhecimento. Ao duvidar de todas as coisas, ele conclui que, mesmo na dúvida, existe um pensamento, e isso implica a existência do pensador. Ao argumentar racionalmente que a dúvida persistente implica a imperfeição do ser, lança luz para a discussão sobre a existência de Deus como ser supremo, parte fundamental de sua linha filosófica. Nesse sentido, Descartes conclui que Deus, como ser perfeito, é a fonte de todo conhecimento, no qual não há dúvida.

Descartes também contribuiu de maneira significativa para a fundamentação da Ciência, introduzindo a metodologia científica como um problema central. Além disso, sua Geometria Algébrica e o método introspeccionista na Psicologia são notáveis por sua influência duradoura. Ainda assim, seu método é alvo de críticas. Algumas vozes argumentam que sua abordagem mecânica e a separação para classificar não consideram adequadamente a organicidade das coisas, ignorando a emergência e a complexidade que podem caracterizar fenômenos naturais.

Em síntese, René Descartes, com sua busca pela verdade, método sistemático e contribuições para a fundamentação da Ciência, permanece como uma figura central na história do pensamento ocidental. Suas ideias moldaram o curso da Filosofia e da Ciência, deixando um legado duradouro para as gerações futuras.

5.4   Immanuel Kant

Filósofo alemão do século XVIII, Kant (1724-1804) contribuiu de maneira abrangente desde a teoria do conhecimento até a ética e a filosofia política. Nascido em Koenigsberg, foi profundamente influenciado pela educação moral proporcionada por sua mãe e pela filosofia de Rousseau. Sua obra é vasta, destacando-se títulos como *Crítica da razão pura*, *Fundamentação da metafísica dos costumes*, *Crítica da razão prática* e *Crítica do juízo*.

Kant é conhecido por suas duas fases de pensamento: a pré-crítica, influenciada por Leibniz e Wolff, e a crítica, que foi despertada pelo desafio de David Hume, que o fez perceber novas possibilidades para o conhecimento. A reação ao dogmatismo de Wolff e ao ceticismo de Hume resultou no que é conhecido como "criticismo filosófico kantiano".

Uma característica distintiva da filosofia de Kant é a ideia de juízo sintético *a priori*, no qual o conhecimento antecede a experiência sensível. Assim, o conhecimento é resultado da interação entre condições materiais (dados sensíveis da experiência) e condições formais (racionalismo). Essa síntese é ilustrada esquematicamente na relação entre razão e experiência.

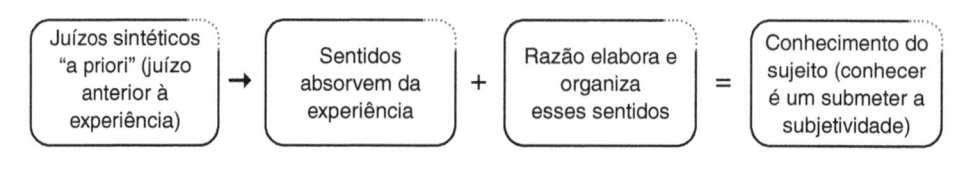

Atenção

O criticismo não é a soma do empirismo com o racionalismo, mas sim uma releitura desses modos de operar o conhecimento.

A revolução copernicana de Kant inverte a relação entre sujeito e objeto, colocando o sujeito como o ator principal no processo de conhecimento. Sua ética kantiana destaca-se pelo imperativo categórico, que é um guia moral *a priori* derivado da razão, enfatizando a importância do agir moral como um fim em si mesmo.

Além disso, Kant diferencia claramente entre o *agir ético* e o *agir jurídico*, associando o primeiro ao cumprimento do dever por dever e o segundo à obediência à lei por temor de sanção. No âmbito jurídico, Kant destaca a relação entre liberdade e coação, argumentando que a coação é necessária para neutralizar a violação dos limites da liberdade.

A teoria da pena de Kant é objeto de interpretações variadas, mas muitos argumentam que ele se inclina para uma abordagem mista da pena, considerando a subjetividade do conhecimento. No tocante ao Direito, Kant define-o como o conjunto de condições que permitem a concordância entre os arbítrios individuais, seguindo a lei universal da liberdade.

Em resumo, a filosofia de Immanuel Kant representa uma notável síntese entre empirismo e racionalismo, revolucionando a forma como compreendemos o conhecimento, a ética e o Direito. Suas ideias continuam a ser fonte de inspiração e debate na Filosofia contemporânea.

5.5 Hegel

Friedrich Hegel (1770-1831), filósofo alemão do século XIX, é reconhecido como um dos pensadores mais influentes da modernidade, especialmente pela elaboração do sistema filosófico hegeliano, que teve um impacto significativo no desenvolvimento das ideias contemporâneas. Nascido em Stuttgart, Hegel recebeu uma educação cristã e, após ingressar na Universidade de Tubinga, dedicou-se intensamente à Filosofia, sendo influenciado pela leitura de Immanuel Kant e contando com colegas como Friedrich Hölderlin e Friedrich Schelling.

A obra de Hegel é vasta, abrangendo temas como a diferença entre sistemas filosóficos, a enciclopédia das ciências filosóficas, aspectos fundamentais da Filosofia do Direito, religião, estética e história da Filosofia. Sua abordagem é essencialmente racionalista, destacando a ideia de que nada existe fora do pensamento, e a afirmação de que "o que é racional é real e o que é real é racional" indicando uma identidade entre razão e realidade.

A dialética é um elemento central no pensamento de Hegel, diferenciando-o de Kant. Para Hegel, a dialética é um processo em que tese e antítese se unem de maneira indiferenciável, resultando em uma síntese. Essa dinâmica dialética é aplicada por Hegel para explicar como o Direito e a moral se relacionam na formação do costume.

A tensão entre o absoluto e o contingente é outra dimensão importante em sua filosofia. O absoluto é concebido como uma constante tensão entre ser e nada, enquanto o contingente representa a esfera em que vivemos. Hegel propõe um constante movimento entre essas polaridades.

A relação entre Hegel e Marx é complexa. Marx critica a dialética idealista de Hegel, argumentando que ela é metafísica e espiritual. Enquanto Hegel busca o conhecimento universal, Marx busca a transformação social por meio do controle dos meios de produção pela classe operária. A dialética de Marx é considerada inversa à de Hegel, pois no materialismo histórico a teoria é concretizada.

Quanto ao Direito, Hegel enfoca seu estudo na Filosofia do Direito, ressaltando a importância do respeito mútuo como base para a realização do Direito, conectado ao ideal de Estado e justiça. A máxima hegeliana "ser uma pessoa é respeitar os outros como pessoa" reflete essa perspectiva, indicando a busca pelo cumprimento ideal do Direito como realização do Absoluto no mundo físico.

Em síntese, Hegel contribuiu de maneira significativa para a Filosofia, oferecendo uma abordagem racionalista, dialética, e uma visão complexa sobre a relação entre o absoluto e o contingente, deixando um legado que continua a influenciar a Filosofia contemporânea.

5.6   Stuart Mill

John Stuart Mill (1806-1873), nascido em Londres, é reconhecido como um dos maiores expoentes do utilitarismo, uma doutrina ética que busca maximizar a felicidade ou prazer e minimizar a dor. Sua educação foi fortemente influenciada por seu pai, James Mill, um renomado economista e erudito escocês, que proporcionou a John uma formação abrangente em Latim, Grego, Geometria, Álgebra e História. Mill também estudou Química, Botânica e Matemática na França em 1820, consolidando sua base intelectual.

Ao longo de sua carreira, Mill desempenhou papel crucial no desenvolvimento e difusão do utilitarismo. Essa doutrina, que teve origens no pensamento de Jeremy Bentham, preconiza que as ações devem ser julgadas com base em sua capacidade de produzir a maior felicidade para o maior número de pessoas. O utilitarismo é uma forma de consequencialismo, avaliando a moralidade de uma ação com base em suas consequências.

Mill, ao adotar o utilitarismo, recusou a teoria dos direitos naturais em sua defesa da liberdade. Em sua obra *Sobre a liberdade*, publicada em 1859, Mill propôs princípios que fundamentam sua doutrina utilitarista. Ele destacou a utilidade como o último recurso em questões éticas, entendendo-a como baseada nos interesses permanentes do homem como ser progressista.

A relação entre liberdade e direito natural é explorada por Mill, que argumenta que a liberdade não é um direito natural independente, mas a preservação da esfera das decisões individuais. Ele alerta sobre a crescente tendência à dilatação indevida dos poderes da sociedade sobre o indivíduo, tanto pela força da opinião quanto pela legislação.

Mill propõe um princípio para estabelecer limites à interferência da opinião coletiva na independência individual, afirmando que a pressão legítima sobre qualquer membro de uma comunidade civilizada deve ser exercida apenas para prevenir danos a terceiros. Ele enumera as liberdades fundamentais, incluindo o domínio interior da consciência, a liberdade de gostos e ocupações, e a liberdade de associação, desde que não causem danos a terceiros.

O filósofo destaca a importância da diferença de opiniões na busca pela verdade, afirmando que a verdade consiste em reconciliar e combinar opostos. Mill contribui significativamente para a Filosofia liberal ao diferenciar prazeres em superiores e inferiores, ao considerar a liberdade política e social como um bem em si mesmo, ao conceber a liberdade como um bem tanto individual quanto social, e ao acreditar que a legislação pode ser um meio de criar oportunidades e igualdade.

Em resumo, as contribuições de John Stuart Mill para a Filosofia liberal e utilitarista têm impacto duradouro, influenciando o pensamento ético e político até os dias atuais.

5.7   Herbert Hart

Herbert Lionel Adolphus Hart (1907-1992), nascido no Reino Unido, foi um renomado filósofo do Direito e um dos principais expoentes do positivismo jurídico, sendo considerado por muitos como o maior representante dessa corrente em língua inglesa. Além de suas contribuições teóricas, Hart desempenhou um papel significativo como professor e acadêmico, influenciando gerações de juristas e filósofos.

A definição de Direito proposta por Hart é notável por sua distinção entre regras primárias e secundárias. As regras primárias regulam diretamente a conduta dos indivíduos, enquanto as regras secundárias desempenham um papel fundamental na estruturação e modificação do próprio sistema jurídico. Essas regras secundárias, que incluem a regra de reconhecimento, a regra de modificação e a regra de aplicação, são cruciais para entender como as sociedades organizam e interpretam suas normas legais.

Hart enfrentou o dilema inerente ao Direito, reconhecendo a limitação humana na previsão de todas as situações conflituosas. Essa perspectiva humilde em relação à capacidade preditiva do Direito destaca a abordagem realista de Hart diante da complexidade do mundo empírico.

Além disso, o filósofo abordou o conceito da "textura aberta do Direito", influenciado pelas ideias de Waismann. Hart argumentou que o Direito é inerentemente permeado pela linguagem e, como tal, apresenta uma textura aberta, dificultando a determinação precisa do significado integral das proposições jurídicas. Essa visão desafia a ideia de um sistema jurídico completamente fechado e formalizado.

A discricionariedade judicial, segundo Hart, surge quando as regras existentes não oferecem uma solução clara para determinadas situações. Ele defende que, nessas circunstâncias, os juízes têm direito à discricionariedade, permitindo-lhes escolher entre as diversas interpretações possíveis da norma. Essa abordagem reflete a flexibilidade necessária para lidar com a complexidade e a imprevisibilidade do mundo jurídico.

Herbert Hart, além de suas contribuições fundamentais para o positivismo jurídico, também desempenhou um papel crucial no desenvolvimento do debate sobre o relacionamento entre Direito e moral. Suas obras, incluindo *O conceito de Direito*, continuam a ser estudadas e debatidas, destacando a duradoura influência de seu legado no campo da Filosofia jurídica.

EM RESUMO:	
A Filosofia	A Filosofia sempre busca a verdade por meio da reflexão, que é o instrumento mais seguro para encontrar ou, pelo menos, aproximar-se da verdade.
Ciência, Filosofia e conhecimento vulgar	Conhecimento vulgar é o conhecimento que nos fornece a maior parte das noções de que nos valemos em nossa existência cotidiana. Conhecimento científico é sempre de cunho ordenatório, realizando uma ordem ou uma classificação — é metódico.
Tipos, leis e princípios – a estrutura do conhecimento	Podemos dizer que o *princípio* busca; a *lei* dispõe; e que o *tipo* é a análise para aplicar a lei balizada no princípio.
Filosofia do/no Direito	Tendo em vista que a Filosofia atinge o Direito e que não existe uma Filosofia própria do Direito, apartada da Filosofia, temos, portanto, uma Filosofia NO Direito e não uma Filosofia DO Direito.
Direito e moral	Representam fenômenos sociais diferentes que se relacionam.
O jusnaturalismo e o direito natural	O direito natural é composto por normas de conduta intersubjetivas; o jusnaturalismo, por seu turno, consiste na escola que estuda o direito natural e considera a lei natural como superior a qualquer lei.
Antiguidade – os sofistas e os pré-socráticos	Os sofistas eram professores viajantes que, por determinado preço, vendiam ensinamentos práticos do conhecimento. Os pré-socráticos eram conhecidos como os filósofos da natureza, também chamados de *cosmocêntricos*.

O conceito de justiça na Antiguidade – Sócrates	Segundo Sócrates, a premissa básica para que se tenha uma sociedade justa vem da ideia de uma República bem organizada, na qual a atitude do justo é atar dentro de suas aptidões, mas agir pensando no "bem comum" (PLATÃO, 2002, p. 121).
O conceito de justiça na Antiguidade – Platão	Para Platão, a justiça é algo como um bem por excelência. Para ele, a justiça é um bem maior que a injustiça, tanto que, mesmo se as consequências normais de justiça e injustiça forem revertidas, será melhor ser justo do que injusto.
O conceito de justiça na Antiguidade – Aristóteles	A justiça para Aristóteles é uma virtude (areté) prática ou moral, da mesma forma, por exemplo, que a coragem e a temperança. As virtudes éticas são hábitos que, como tais, se adquirem pela experiência. Não são extraídas de conceitos universais e estáticos.
Epicurismo	Consiste na busca da felicidade, que se alcança vivendo segundo a natureza. O epicurismo busca o prazer, mas afirma que o devemos buscar com prudência, a qual nos dá capacidade de discernir, a fim de agirmos de maneira prudente, para que conquistemos a *ataraxia*, que consiste na estabilidade de ânimo diante das coisas, dos prazeres, das paixões, e a *aponia*, que consiste na ausência de dor. Para os epicuristas, é assim que encontraremos a felicidade.
Estoicismo	Consiste na busca da felicidade, que se alcança vivendo segundo a natureza.

A Medievalidade – Santo Agostinho	Buscava os conceitos de belo, bem e justo. Apresenta um dualismo que remete ao visto no mundo sensível e no inteligível de Platão, entretanto, acrescenta o elemento religioso para fundamentar suas propostas ideais, tal como a proposta de uma República Cristã.
A Medievalidade – São Tomás de Aquino	Seu conceito de justiça não difere muito do de Aristóteles. Considera que o ato de justiça consiste em um ato de bem habitual, em outras palavras, consiste em um comportamento reiterado de atribuir a cada um o que é seu. Desse modo, a justiça é uma virtude, situada, portanto, na discussão no âmbito ético. Ensina que a importância da virtude está no fato de que ela torna bom quem a possui e boa a obra que ele faz.
A Modernidade – o contratualismo	Os teóricos contratualistas buscam, em suas teorias, compreender a formação da sociedade moderna, bem como propor uma organização política e jurídica.
A Modernidade – Thomas Hobbes	Hobbes acredita que existe uma disposição natural, paixões naturais e duas leis, a lei natural e as leis civis.
O método de René Descartes	Descartes visava alcançar um verdadeiro método científico que colocasse a Ciência no caminho correto para o desenvolvimento do conhecimento, o que propõe em *Discurso do método*.
A Modernidade – o criticismo filosófico de Immanuel Kant	O criticismo filosófico kantiano é uma reação ao dogmatismo de Wolff e ao ceticismo de Hume. Não conseguindo conceber o conhecimento apenas partindo da experiência ou da razão, deve haver uma integração do racionalismo com o juízo sintético *a priori*.

A Modernidade – a dialética de Hegel	Com a dialética, Hegel explica como o Direito e a moral criam o costume. Para ele, a síntese (costume) é a relação dialética entre a tese (Direito) e a antítese (moral).
A Modernidade – Stuart Mill	Defende ser conveniente declarar renúncia a qualquer vantagem que possa resultar na ideia do direito abstrato como independente da utilidade. Considera a utilidade como último recurso em qualquer questão de ética; devendo ser, porém, a utilidade no sentido mais amplo, baseada nos interesses permanentes do homem como ser progressista.
Um ponto de contato da Filosofia do Direito e da Teoria do Direito (um teórico) — Herbert Hart	Para o autor, em situações em que as regras disponíveis não indicam claramente uma solução, aparece o direito à discricionariedade judicial. Nesse sentido, cada juiz poderia deliberar livremente, selecionando uma visão, a de sua preferência, dentre todas as existentes e possíveis sobre a matéria.

Capítulo 2

Teoria do Direito

1. AS TEORIAS E A ORGANIZAÇÃO SISTEMÁTICA DO DIREITO

São muitas as teorias do Direito, e cada uma delas deve ser compreendida em seu tempo e espaço, respeitando as diferentes influências de cada um dos pensadores, que resultam em teorias variadas para o mesmo objeto.

As teorias do Direito estão intrinsecamente associadas à Filosofia e à Sociologia do Direito. Em sua Teoria Tridimensional do Direito, o jurista Miguel Reale (1910-2006) ensina que a Sociologia do Direito se ocupa do fato; a Filosofia do Direito, do valor; e a Teoria do Direito, da norma. Nesse sentido, torna-se claro que é impossível pensar a Teoria Geral do Direito sem relacioná-la à Filosofia ou à Sociologia, ainda que os objetos de cada um desses estudos sejam distintos. De resto, seria correto dizer que a Filosofia do Direito é mais direcionada para os conteúdos e os estudos de cunho mais abstrato, enquanto que a Teoria do Direito é voltada para as formas e a concretude; mas, visto que não existe matéria sem forma nem forma sem matéria, não se pode obter, desse modo, nenhuma delimitação precisa.

Assim, a Teoria do Direito é uma disciplina jurídica que busca compreender e explicar os fundamentos, a natureza e o funcionamento do Direito. Ela abrange uma variedade de abordagens e perspectivas, incluindo a Filosofia do Direito, a Sociologia jurídica e a teoria política. No núcleo da Teoria do Direito está a investigação sobre a natureza da lei, suas fontes, o papel do Estado na criação e aplicação das normas jurídicas, bem como questões éticas relacionadas à justiça e aos direitos individuais. Os teóricos do Direito exploram conceitos fundamentais, como a autoridade legal, a interpretação das leis e a relação entre o Direito e a moral. Ao proporcionar uma análise reflexiva e crítica do sistema jurídico, a Teoria do Direito busca oferecer *insights* sobre como as leis devem ser entendidas, aplicadas e desenvolvidas para promover uma sociedade justa e ordenada.

Em sua amplitude, a Teoria do Direito não apenas examina os aspectos normativos e conceituais, mas também considera fatores sociais, políticos e históricos que influenciam o desenvolvimento e a aplicação das normas jurídicas. Dessa forma, ela contribui para a compreensão profunda do papel do Direito na sociedade, promovendo debates e reflexões críticas que moldam o pensamento jurídico e influenciam a evolução do sistema legal ao longo do tempo.

Portanto, o sistema jurídico como conhecemos inicia-se com a consolidação de leis em algumas regiões europeias. Posteriormente, são criadas ordenações que embasam o Direito, ocasionando uma nova percepção sistemática. Mas é na contemporaneidade que ganha força o pensamento jurídico capaz de organizar o Direito de maneira sistêmica. Para realizar essa estruturação sistêmica, foram decisivos os estudos dos teóricos do Direito em seu contexto histórico. Vejamos, então, como essa sistematização se deu, bem como alguns modelos de decidibilidade.

2. A REVOLUÇÃO FRANCESA E O POSITIVISMO JURÍDICO

Em 1789, o povo francês pretendia romper com a monarquia, com a nobreza, com o clero e com a magistratura. Para os revolucionários, no que diz respeito à magistratura, deveria o juiz julgar conforme o que a lei dispusesse, ou seja, o juiz não deveria interpretar a lei, deveria aplicá-la prestigiando muito o princípio da legalidade, nos termos dos ideais do Iluminismo, defendidos por Montesquieu (1689-1755).

Nesse contexto, nasce a Escola da Exegese, ou Escola do Positivismo Jurídico, que buscava criar uma lei que fosse seguida por todos e que trouxesse segurança jurídica, limitando o direito à lei. No âmbito da monarquia, os súditos dependiam da vontade do rei, que não observava nenhuma lei, pois estava acima de tudo (Absolutismo). Com os ideais do Iluminismo, a lei escrita daria a possibilidade de conhecimento às pessoas, extinguindo o poder absoluto das monarquias europeias.

Assim, com o positivismo jurídico e a garantia de o indivíduo saber se está cometendo um crime ou não, tanto o juiz como o rei não podem condenar alguém caso não haja crime. Entretanto, para que a lei traga segurança jurídica, ela deve ser clara, precisa, estável, linear e, sobretudo, lógica. Assim, durante muitos anos, os magistrados franceses ficaram bastante limitados ao interpretar a lei, já que o Código Civil era, conforme relataram os juristas da época, um sistema completo e fechado, sem lacunas ou espaço para interpretações diversas.

2.1   O sistema fechado de Hans Kelsen

Conforme mencionamos, o estudo sistêmico do Direito teve início a partir da Revolução Francesa (1789-1799), desdobrando-se no chamado positivismo jurídico. No século XX, o austríaco Hans Kelsen (1881-1973) aprofundou, em suas obras, suas pesquisas nesse tópico.

2.2   Teoria Pura do Direito, o problema da justiça, a ilusão da justiça e o que é a justiça?

Apresentam a Teoria do Direito com uma análise estrutural, de modo que não se analisassem os valores e conteúdo da lei, mas sim a validade ou não da norma. Um exemplo dos nossos dias, para um melhor entendimento, seria se uma lei que prevê dois dias de licença-maternidade deve ser analisada como válida ou inválida, ou seja, devemos analisar se a lei passou pelo procedimento legislativo adequado, se não confronta com a Constituição Federal etc.

Com o objetivo de apresentar uma Teoria Pura do Direito, Kelsen faz um corte epistemológico para verificar qual é o objeto do Direito, concluindo que o objeto que pertence exclusivamente ao Direito é a **norma jurídica**. Propõe, assim, um estudo embasado na norma em sua estrutura lógica, esvaziada de qualquer conteúdo e apartada das circunstâncias que causaram sua criação ou que justificam sua aplicação.

Para Kelsen, a Ciência do Direito só é pura se separada das demais ciências, não cabendo discutir se uma norma é *justa* ou não, mas sim se é *válida* ou não. Em outras palavras, o estudioso se vê obrigado a tão somente compreender o direito positivo na sua essência e a entendê-lo mediante uma análise da sua estrutura.

2.2.1 *Autonomia e autossuficiência do Direito*

Kelsen via o Direito como um sistema autônomo ou autossuficiente em relação ao sistema social, de modo que o trabalho do jurista se desenvolve inteiramente dentro daquele, não havendo que se falar na intromissão da Sociologia, da Psicologia etc. Assim, a doutrina pura do Direito trabalhava com a ideia de **sistema fechado**, que consistia em considerar apenas o que existe dentro do sistema, ou seja, o Direito não aceita nenhuma influência externa, ele se autorreferencia e se autorreproduz.

Dessa maneira, fica claro que, durante muito tempo, o Direito trabalhou com a concepção de sistema fechado, divergindo apenas nas razões para a sua adoção, ou seja, no período posterior à Revolução Francesa objetivava-se o fim dos abusos da magistratura e, no século XX, a qualificação do Direito enquanto Ciência.

2.2.2 *Hierarquia das normas*

Kelsen propõe que as normas sejam organizadas hierarquicamente, sendo que a norma inferior deve buscar validade sempre na norma superior. Como veremos adiante, mais tarde, Norberto Bobbio (1909-2004) propôs essa hierarquia em uma estrutura piramidal que recebeu o nome de **Pirâmide de Kelsen** (Figura 1).

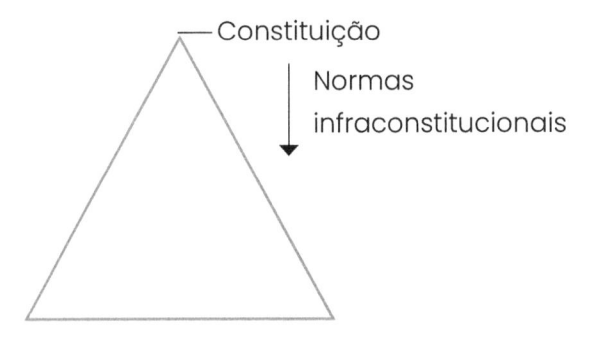

Figura 1. A Pirâmide de Kelsen, por Bobbio. Kelsen propôs que as normas sejam organizadas de modo que uma norma inferior deve buscar validade em uma norma superior.

Antes de mais nada, é importante salientar que Kelsen cumpre um papel muito rico para a Teoria do Direito, pois apresenta a preocupação de estruturá-lo e, com isso, propõe a necessidade de estudarmos o Direito de maneira organizada e sistêmica.

Hoje, muitos são os críticos acerca do sistema lógico, formal e fechado de Kelsen de apenas analisar a norma e não aceitar qualquer tipo de juízo de valores. Esse sistema normativo fechado pode servir de justificativa em Estados totalitários, como o sistema nazista que se instalou na Alemanha, uma vez que a legislação permitia uma série de barbaridades cometidas nesse regime. Outra crítica é que o sistema fechado causa um enorme aumento das leis escritas. Por outro lado, nem com muito esforço se conseguiria escrever na lei todas as hipóteses de acontecimentos no mundo.

Assim, em 1960, após duras críticas à primeira edição da *Teoria Pura do Direito* (1934), Kelsen acresce algumas considerações a ela, como o fato de a norma ter minimamente uma eficácia, além de incluir a Norma Hipotética Fundamental na hierarquia das normas.

Para o autor, a Norma Hipotética Fundamental não é posta, é pressuposta. Tal norma pressupõe todo o sistema que está adstrito/subordinado a essa norma fundamental. Segundo ele, essa norma fundamenta todo o sistema normativo. Trazendo de volta a pirâmide, seria a norma que se encontra no topo do sistema (Figura 2).

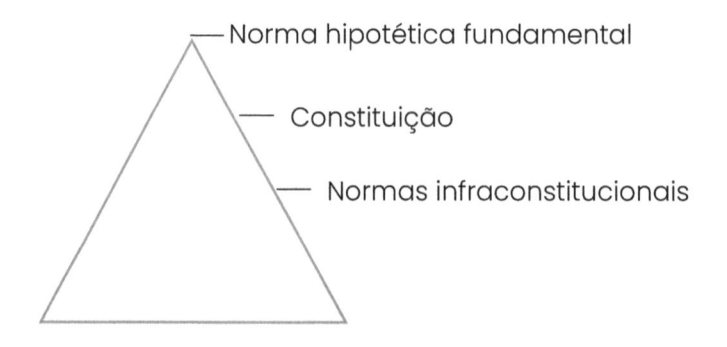

Figura 2. Nova configuração da pirâmide de Kelsen incluindo a Norma Hipotética Fundamental.

2.3 A abertura do sistema com Norberto Bobbio

O italiano Norberto Bobbio graduou-se em Direito e em Filosofia e foi professor de Filosofia do Direito. Recebeu o título de doutor *honoris causa* pelas Universidades de Paris, de Buenos Aires, pela Complutense de Madri, de Bolonha e de Chambéry. Seu legado intelectual alcança vários idiomas, como alemão, espanhol, francês, inglês, iugoslavo e português. Como docente, estudou e escreveu intensamente sobre a Teoria do Direito. No começo de suas pesquisas, Bobbio foi muito confluente com o pensamento de Hans Kelsen e com o positivismo jurídico em um sistema fechado.

Aqui, entretanto, examinaremos sua definição de norma extraída da obra *Teoria da norma jurídica* (1958) e a definição de ordenamento da obra *Teoria do ordenamento jurídico* (1996) (à reunião dessas duas obras o autor chamou de Teoria Geral do Direito), bem como sua mudança de posição no livro *Da estrutura à função: novos estudos de teoria do direito* (obra póstuma lançada em 2006).

Bobbio considera que existe uma multiplicidade de normas (sociais, morais, jurídicas etc.). Para efeito de seus estudos, importa principalmente a norma jurídica, cujos requisitos habituais são imperatividade, estatismo e coatividade e classificam-se em geral ou singulares, afirmativas ou negativas. Em *Teoria da norma jurídica*, ele apresenta os critérios de valoração da norma (validade, existência, eficácia e justiça). Conforme podemos analisar no Quadro 1, Bobbio defende que as normas são proposições e que podem ter sanções, sejam morais, sociais ou jurídicas.

Quadro 1. Proposições e definições das normas, segundo Bobbio.

Proposições	Definição
Prescritivas	Conjunto de leis e de regulamentos, um código, uma constituição. Próprias da linguagem normativa, consistem em dar comandos, conselhos, advertências, de modo a influir no comportamento alheio e modificá-lo; em suma, em levar a fazer.
Descritivas	Próprias da linguagem científica, consistem em dar informações, em comunicar a outros certas notícias, na transmissão do saber; em suma, em levar a conhecer.
Expressivas	Próprias da linguagem poética, consistem em evidenciar certos sentimentos e em tentar evocá-los em outros, de modo que levam a participar de certa situação sentimental.

2.3.1 *Ordenamento jurídico*

A visão de ordenamento jurídico proposta por Norberto Bobbio está profundamente ligada às características gerais de unidade, coerência e completude inerentes ao conceito de ordenamento. O autor desloca a análise do Direito da norma para o ordenamento jurídico, enfatizando que o estudo do Direito não deve se limitar à análise de normas isoladas, mas sim abranger um conjunto de normas. Esse enfoque é crucial para a compreensão de diversos elementos presentes em sua obra *Teoria do ordenamento jurídico*.

Segundo Bobbio, o objeto do Direito é o ordenamento normativo, e sua Teoria do Ordenamento Jurídico representa uma integração da Teoria da Norma Jurídica com o propósito de construir um ordenamento. O autor argumenta que não é suficiente definir o Direito apenas a partir da perspectiva da norma jurídica isolada; é essencial considerar que a eficácia de uma norma está intrinsecamente ligada a uma organização complexa, determinando a natureza das sanções, os agentes responsáveis por sua aplicação e os meios de execução. Essa organização complexa, para Bobbio, constitui o resultado tangível de um ordenamento jurídico. Com base nesse princípio, o Direito, conforme concebido por Bobbio, é um complexo que se estrutura em um sistema de regras de conduta. Assim, uma definição abrangente do Direito demanda uma análise perspicaz na perspectiva do ordenamento jurídico.

2.3.2 *Mudança de posicionamento*

Para fazer valer o direito é preciso coação e, para isso, o Poder do Soberano, que retém o poder de exercer a força para aplicar a norma efetivamente. Esse poder é constituído por órgãos que, por sua vez, são estabelecidos pelo próprio ordenamento normativo. Com essa perspectiva, em sua maturidade filosófica, Norberto Bobbio começa a rever seu posicionamento, que se aproximava do de Hans Kelsen e do positivismo jurídico. Desse modo, o autor apresenta em *Da estrutura à função: novos estudos de teoria do Direito* um posicionamento mais aberto e com estreitos contatos com as ciências sociais, deixando de lado, como ele mesmo afirma, o seu esplêndido isolamento.

Em outras palavras, Bobbio começa a "abrir o sistema" da Ciência do Direito para a Sociologia. Pode-se definir sistema aberto como aquele em que a maioria das regras está, ou é considerada, em estado fluido e em contínua transformação; é aquele em que ao jurista é atribuída a tarefa de colaborar com o legislador e com o juiz no trabalho de criação do novo Direito (BOBBIO, 2007, p. 38). Assim, de acordo com o novo pensamento de Bobbio, o Direito é estruturalmente fechado e funcionalmente aberto, isto é, devemos observar o conjunto de regras postas e transmitidas de maneira fechada e os fatos sociais sujeitos às normas abertas ao subsistema social: "em relação ao sistema social considerado em seu todo, em todas as suas articulações e interrelações, o Direito é um subsistema que se posiciona ao lado dos outros subsistemas, tais como o econômico, o cultural e o político, e em parte se sobrepõe e contrapõe a eles" (BOBBIO, 2007, p. XIII).

Concluímos, então, que a aproximação do Direito com as ciências sociais, bem como a constatação dos problemas gerados pela tentativa de purificação do Direito levaram à abertura do sistema jurídico, por se mostrar impossível uma Ciência pura, no sentido de haver um afastamento total do estudo das circunstâncias sociais que afetam o Direito. Como ciência social aplicada, é difícil imaginar a Ciência do Direito isolada, sem relação com a sociedade e, consequentemente, sem relação com os estudos sociológicos. É por conta disso que, ao vermos o Direito como um sistema, segundo Bobbio, precisamos vê-lo como um subsistema que se liga à sociedade.

2.4 O realismo jurídico de Alf Ross

O filósofo dinamarquês Alf Niels Christian Ross (1899-1979) pode ser considerado o principal expoente do realismo jurídico escandinavo. Suas obras se encontram no campo político, filosófico e jurídico; para nosso estudo, interessa citar seu livro *Direito e justiça* (1953).

Mesmo sendo aluno de Hans Kelsen em Viena, Alf Ross destoa da teoria de seu mestre, pois busca construir um modelo teórico de Ciência cujas proposições sejam verificadas com base na experiência, assim como na Ciência natural. Nessa perspectiva empírica de teorizar o Direito, Ross diferencia "Direito" de "Direito vigente". Para ele, o "Direito" consiste no conjunto de normas diretivas, ao passo que o "Direito vigente" consiste em observar as normas efetivamente aplicadas pelos juízes quando decidem casos controversos, estando a validade da norma condicionada a sua aplicação pelo juiz.

Em *Direito e justiça*, Alf Ross trata de diversos temas; entretanto, se pudéssemos esquematizar esses temas, diríamos que seu trabalho visa consignar basicamente quatro teses, conforme alega Adrian Garbi, em *Clássicos de teoria do Direito* (2009):

- **Primeira tese – O Direito vigente:** trata-se do marco central para a compreensão do fenômeno normativo. Para Ross, só é possível compreender se uma norma funciona ou se é usada em uma ordem jurídica quando é preciso analisar o comportamento dos magistrados, que são os verdadeiros destinatários das normas jurídicas. Essa percepção implica a remodelação da percepção tradicional das disciplinas jurídicas.

- **Segunda tese – A Ciência jurídica:** tal tese discorre sobre a Ciência jurídica e visa compreender como se dá o conhecimento produzido pelos juristas com base nas constatações do Direito vigente. De acordo com Ross, só é possível haver uma verdadeira Ciência do Direito quando esta é analisada a partir de uma verificação empírica, pois não há sentido propor uma Ciência jurídica com base em uma previsão de ocorrência futura sem determinada ordem jurídica.

- **Terceira tese – Ceticismo da interpretação judicial:** nesta tese, Ross aborda a natureza da atividade judicial e questiona a possibilidade de objetividade na interpretação do Direito. Ross destaca a complexidade inerente à interpretação judicial e argumenta que as decisões dos juízes inevitavelmente refletem seus próprios *valores subjetivos*, em especial pelo *valor justiça*.

> **Importante**
>
> Em relação ao valor justiça, Alf Ross argumenta que a interpretação judicial não pode ser totalmente objetiva, pois os juízes são seres humanos com suas próprias experiências, valores e perspectivas. Ele destaca que o conceito de justiça é subjetivo e variável, dependendo das diferentes visões de mundo e ideologias individuais. Portanto, as decisões judiciais não podem ser completamente desvinculadas das inclinações subjetivas dos juízes em relação ao que consideram justo.
>
> Ross defende a tese de que, ao interpretar as leis, os juízes inevitavelmente aplicam seus próprios valores e concepções de justiça. Ele questiona a possibilidade de alcançar uma única interpretação correta e objetiva do Direito, argumentando que diferentes juízes podem chegar a conclusões divergentes com base em suas interpretações subjetivas. Isso leva Ross a adotar uma abordagem cética em relação à objetividade na interpretação judicial.

- **Quarta tese – "Conceitos jurídicos":** destaca a imprecisão inerente aos conceitos jurídicos e a necessidade de uma abordagem mais realista na compreensão do Direito, reconhecendo a complexidade das relações sociais e a inevitabilidade da ambiguidade na linguagem jurídica. Essa tese contribui para uma discussão crítica sobre a natureza do sistema jurídico e a interpretação dos conceitos fundamentais que moldam o campo do Direito.

Nela, Ross aborda a natureza e a função dos conceitos jurídicos no sistema legal, argumentando que os conceitos jurídicos são essenciais para a compreensão e aplicação do Direito, mas são inerentemente vagos e imprecisos. Uma das principais preocupações do autor em relação aos conceitos jurídicos é a sua tendência a serem utilizados de maneira arbitrária e subjetiva, o que pode levar a decisões judiciais inconsistentes e imprevisíveis. Além disso, Ross argumenta que a imprecisão nos conceitos jurídicos não é apenas uma questão de redação, mas reflete a própria natureza do Direito e deve ser reconhecida para se compreender adequadamente a natureza dinâmica e contextual do sistema jurídico.

3. A SUPERAÇÃO DO MODELO LÓGICO FORMAL PELA LÓGICA DO RAZOÁVEL

Os estudos anteriores, que se baseiam na lógica formal, veem o Direito como algo relacionado à comunicação e estudam a linguagem jurídica do ponto de vista da estrutura das normas jurídicas. Nessa abordagem, a norma jurídica é como uma "sentença condicional" formada por duas partes: uma que descreve a situação e outra que prescreve o que deve acontecer, conectadas pela ideia de "dever ser". Essa expressão pode ser interproposicional, quando é neutra e não tem modalidades, ou intraproposicional, quando se divide em modais como obrigatório, proibido e permitido.

Os estudos que usam a lógica formal são importantes porque estabelecem critérios estruturais para tomar decisões. No entanto, a lógica formal tem suas limitações, pois não consegue resolver muitas disputas relacionadas à interpretação e aplicação das normas jurídicas em situações específicas. Isso acontece porque esse tipo de estudo se concentra apenas na estrutura da comunicação das declarações jurídicas, deixando de lado aspectos práticos e controversos da aplicação do Direito.

> ### Importante
>
> No Brasil também encontramos estudiosos da lógica formal, como o professor tributarista Paulo de Barros Carvalho, que, por sua especificidade da matéria, tem na lógica formal muitas soluções. Também o professor Lourival Vilanova, que nos adverte sobre a necessidade de compreender que tal estudo consiste em um recorte sistêmico, e que outras áreas de estudo devem ser levadas em consideração.
>
> Embora a Resolução nº 75 do Conselho Nacional de Justiça tenha dado como superado o modelo lógico-formal, não podemos dizer que ele pereceu e que não deve ser levado em consideração. Ainda vemos muitas decisões, de maneira acertada, à luz da lógica formal, como é o caso, no Direito Tributário, do princípio da estrita tipicidade.

3.1   Luis Recaséns Siches

Filho de espanhóis, Luis Recaséns Siches (1903-1977) nasceu na Guatemala e foi discípulo de Giorgio Del Vecchio, Rudolf Smend, Hermann Heller, Hans Kelsen, Felix Kaufmann e Fritz Schreier, todos grandes expoentes do pensamento jurídico da primeira metade do século XX.

Um dos maiores adeptos do modelo conhecido como **lógica do razoável**, é difícil classificá-lo como teórico, filósofo ou sociólogo do Direito, pois seus estudos começam na Sociologia, desenvolvem-se na Filosofia e, ao fim, apresentam uma Teoria do Direito. Suas obras de maior destaque são: *Tratado geral de Filosofia do Direito*; *Nova Filosofia da interpretação do Direito*; e *Experiência jurídica, natureza das coisas e lógica do razoável.*

Para Siches, a interpretação legislativa é instrumento de concretização da justiça. Corresponde à fixação do sentido da norma, fixando seu espaço e suas possibilidades de aplicação. Nesse contexto, a lógica tradicional é ultrapassada. Tal lógica, também chamada de lógica formal, com base racional matemática, não possui elementos suficientes para ser utilizada na aplicação do Direito, podendo levar a absurdos. Siches preconiza que a lógica do razoável pode ser vista como subjetiva, mas devemos tê-la como um método subjetivo, ou seja, devemos analisar os fatos sociologicamente e, com isso, sermos metodologicamente subjetivos.

Importante

O professor de Direito Gustav Radbruch (1878-1949) contribuiu para a lógica do razoável com uma pequena parábola. Em uma estação ferroviária havia um cartaz no qual se lia: "É proibida a entrada de cães". Um homem cego não conseguiu entrar com seu cão guia, então outro homem tentou entrar com um urso e também foi impedido. Iniciou-se um conflito, pois o homem que vinha com o urso afirmava que a restrição não se aplicava a ele, já o cego dizia que era um absurdo não poder entrar com seu cão.

Assim, caso aplicássemos a lógica tradicional para o exemplo exposto, o homem com o urso teria sua entrada franqueada, ao passo que o senhor cego seria impedido de ingressar na estação. Observa-se que esse disparate nos convida a uma superação, em alguns casos, da lógica formal para uma lógica do razoável.

Para se aplicar um critério de decidibilidade à luz da lógica do razoável, é preciso observar as seguintes características:

a) a decisão é exercida em função da ponderação de variantes circunstanciais;

b) tal decisão não se exerce como expressão da opinião singular ou da coletiva, mas obedece a parâmetros de entendimentos jurídicos majoritários;

c) a decisão dá-se em função de necessidades práticas e ocorrência fenomênica;

d) constrói no uso discursivo e argumentativo a situação de exercício da razão jurídica;

e) pressupõe intertextualidade.

3.2 John Rawls e uma teoria da justiça

Estadunidense, John Rawls (1921-2002) ingressou na Universidade de Princeton e integrou o exército. Em 1950, concluiu seu doutorado em Princeton, tratando dos métodos de deliberação ética. Lecionou em Oxford, no Massachusetts Institute of Technology (MIT), e em Harvard. Sua produção bibliográfica pode ser dividida em três fases, conforme Quadro 2. Com o amadurecimento de seus estudos de teoria política, surgiram ideais que culminaram na publicação de *Uma teoria da justiça* (1971), obra da qual destacaremos os principais pontos.

Quadro 2. As três fases do trabalho bibliográfico de John Rawls.

Fases	Obras
Primeira	Elaboração de artigos publicados em revistas científicas, versando sobre questões subjacentes à obra *Uma teoria da justiça*, como: "Justiça como equidade" (1958); "O senso de justiça" (1963); "Liberdade constitucional" (1963), "Desobediência civil" (1966); "Justiça distributiva" (1967).
Segunda	Publicação de *Uma teoria da justiça*, na qual tentou reunir em uma visão coerente as ideias veiculadas nos artigos que havia escrito na primeira fase.
Terceira	Inicia-se após a publicação de *O liberalismo político*, em 1993, e vai até o ano de sua morte (2002). Publicou um artigo em que foram abordadas ideias de justiça internacional, "The law of peoples" (O direito dos povos), de 1993, posteriormente aplicado e publicado como livro homônimo (1999).

Fonte: Mizukami (2006).

Em seu estudo,

> (...) procura esquivar-se assim do positivismo jurídico, de um lado, e das definições materiais da Justiça (do jusnaturalismo clássico), de outro. Esse modelo procedimental, forma de articulação entre regras (procedimentos) e práticas (instituições) caracteriza o trabalho conceitual da obra de John Rawls e a aproxima da Filosofia prática de Immanuel Kant (RAWLS, 1997, p. 13).

Rawls considera que não existe justiça sem moral, assim, sua principal obra, embora filosófica, possui forte influência da Ciência Política e apresenta uma Teoria do Direito. Desse modo, estudiosos do Direito o consideram como neocontratualista, pois procura fundamentar diversos temas buscando a gênese da sociedade. Sua teoria funda-se em diversos conceitos; inicialmente, destacam-se os seguintes:

- **Posição original:** trata-se de um conceito central na teoria política e ética de John Rawls, apresentado em sua obra *Uma teoria da Justiça*. Na "posição original", Rawls propõe que as pessoas imaginem um estado hipotético prévio à sociedade, em que estão desvinculadas de suas identidades individuais, conhecimento específico e circunstâncias sociais. A definição de posição original remonta à ideia de Rousseau (1715-178), com seus raciocínios hipotéticos condicionais; e de Hobbes (1558-1679), em seu Estado de Natureza. Entende Rawls que a "posição original", assim, seria o equivalente ao momento pré-contratual de formação da sociedade bem ordenada, mas não só, podendo ser encarada como um espaço argumentativo em que os interessados devem encontrar, sempre que necessário, o debate a respeito dos princípios de justiça.

Importante

Rawls argumenta que, na "posição original", as pessoas escolheriam dois princípios fundamentais. O primeiro é o princípio da liberdade igual, que assegura a cada indivíduo o maior conjunto de liberdades básicas compatíveis com um esquema similar para todos. O segundo é o princípio da diferença, que permite desigualdades sociais e econômicas apenas se estas se beneficiarem os menos favorecidos. Esses princípios, segundo Rawls, estabelecem as bases para uma sociedade justa, resultando de um contrato social hipotético que leva em consideração a equidade e a preocupação com os menos privilegiados.

- **Véu da ignorância:** consubstancia instrumento indispensável à definição da posição originária. Na posição inicial, os indivíduos são colocados sob um "véu de ignorância", no qual não têm conhecimento de suas características particulares, como gênero, classe social, habilidades ou religião. Essa falta de informação pessoal visa garantir uma tomada de decisão imparcial e justa. A partir dessa posição, as pessoas racionalmente escolheriam princípios de justiça que seriam justos para todos, independentemente de sua posição na sociedade, uma vez que não sabem quais posições ocuparão após a criação das regras sociais.

- **Justo e injusto:** para Rawls, o que é *justo* ou *injusto* pode variar de pessoa para pessoa, muitas vezes calcado em juízos ponderados que mais se aproximam de verdadeiras convicções. Isso nos permite dizer que tais conceitos estão intrinsecamente ligados à "posição original" e ao "véu de ignorância". O critério fundamental de justiça, de acordo com Rawls, é que as desigualdades sociais e econômicas só podem ser consideradas justas se beneficiarem os menos privilegiados na sociedade. O princípio da liberdade igual também desempenha papel crucial, garantindo que cada indivíduo tenha acesso ao maior conjunto possível de liberdades básicas. Portanto, para Rawls, uma sociedade justa é aquela que busca equidade e que permite desigualdades apenas quando contribuem para o bem-estar dos menos favorecidos. Em contraste, o injusto seria representado por sistemas que perpetuam privilégios injustificados ou que prejudicam as condições de vida dos mais desfavorecidos. O enfoque de Rawls destaca a importância de uma distribuição justa dos benefícios sociais e econômicos para promover a equidade na sociedade.

A conformação dos princípios da justiça defendidos por Rawls, como aqueles que seriam escolhidos na situação da *posição original* com os juízos ponderados de cada ser humano, depende de um complexo e específico procedimento que vai e volta dos primeiros para os segundos, buscando estabelecer uma compatibilidade entre ambos, traduzida no conceito de *equilíbrio reflexivo*.

3.2.1 *Estrutura básica de sociedade*

Os princípios da justiça, segundo Rawls, devem orientar a distribuição de direitos e deveres das principais instituições sociais, determinando a distribuição adequada dos benefícios e encargos da vida social. Afirma que, para o melhor equacionamento do sistema de organização das instituições justas, o primeiro passo para a concretização desses princípios é a estrutura básica da sociedade, isto é, a ordenação dessas instituições em um esquema de cooperação. Entende que as instituições devem exercer o papel de sistema público de regras que define cargos e posições com seus direitos e deveres, poderes e imunidades. Ou seja, todos que estão nelas engajados sabem o que as regras exigem delas e dos outros.

Desse modo, Rawls cria um ambiente social propício, uma "sociedade bem ordenada", em suas palavras, para a verificação plena dos dois princípios vetores da concretização da justiça, que são:

1. Todas as pessoas têm igual direito a um projeto inteiramente satisfatório de direitos e liberdades básicas iguais para todos, projeto este compatível com todos os demais; e, nesse projeto, as liberdades políticas, e somente estas, deverão ter seu valor equitativo garantido.

2. As desigualdades sociais e econômicas devem satisfazer dois requisitos:

a) devem estar vinculadas a posições e cargos abertos a todos, em condições de igualdade equitativa de oportunidades;

b) devem representar o maior benefício possível aos membros menos privilegiados da sociedade.

Esses dois princípios de justiça devem nortear a distribuição equitativa de bens primários (*primary goods*), isto é, bens básicos para todas as pessoas, independentemente de seus projetos de vida ou de suas concepções de bem, sendo os mais fundamentais de todos os bens primários o **autorrespeito** (*self-respect*) e a **autoestima** (*self-esteem*), acompanhados de **liberdades básicas**, **rendas** e **direitos a recursos sociais**, como **educação** e **saúde**. É possível afirmar, portanto, que a doutrina de Rawls é fundada em um esquema eminentemente *procedimental*, para que então se alcance a "sociedade bem ordenada" antes referida.

> **Atenção**
>
> A teoria da Justiça de Rawls não deve ser confundida com o utilitarismo de Stuart Mill (1806-1873). O utilitarismo visa o bem-estar da sociedade como um todo, mesmo que em detrimento do bem-estar de cada indivíduo. A teoria de Rawls, por outro lado, apresenta-se como uma alternativa ao utilitarismo, uma vez que a *felicidade* do indivíduo, no pleno gozo de suas liberdades básicas, predomina sobre a busca do bem-estar geral.

4. MODELOS DE DECIDIBILIDADE

No estudo teórico do Direito existem diferentes modelos de decisões: alguns visam justificar as proposições normativas, tais como o *modelo subsuntivo* e o *modelo de ponderação*; enquanto outros visam justificar a relação entre os agentes em um embate argumentativo, como o *modelo argumentativo*. Vamos tratar resumidamente de alguns deles; entretanto, independentemente do modelo a ser adotado, devemos conhecer os demais modelos de decidibilidade para que possamos fundamentar melhor nossas decisões.

4.1   Modelo subsuntivo

Na década de 1970, os expoentes do modelo subsuntivo, Carlos Alchourrón (1931-1996) e Eugenio Bulygin (1931-2021), propuseram que a decidibilidade no Direito deveria se justificar por escolhas anteriores, imparciais, e que as propriedades relevantes já seriam identificadas e universalizáveis.

São muitas as críticas a esse modelo, dentre as quais, destacamos três:

* **Zona de penumbra e vagueza dos termos:** trata-se de um problema dado por conta da indeterminação da linguagem natural.

* **Complexidade:** tal modelo deve levar em consideração a complexidade da inserção de mais de uma regra, ou seja, todo o ordenamento, e não apenas uma norma.

* **Incoerência:** entende-se que uma lei pode ser justificada por um parâmetro, mas não justificada por outro.

Como dissemos, o modelo subsuntivo busca universalizações (generalizações), as quais podem ser subinclusivas ou sobreinclusivas, ou seja, o legislador pode incluir propriedades a mais para as quais ele não estaria disposto a dar a mesma solução; ou, ainda, pode excluir propriedades para as quais ele estaria disposto a dar uma solução normativa proposta.

> ## Importante
>
> Voltemos ao exemplo da ferroviária, onde há um cartaz que diz: "É proibida a entrada de cães". A partir dessa regra, pergunta-se: é permitida a entrada de ursos? (generalização subinclusiva), ou: é proibida a entrada de cães-guias? (generalização sobreinclusiva)
>
> Observa-se que, nesse caso, se o urso não puder entrar ou se o cão entrar, haverá um problema de objetividade e as generalizações começam a perder força; inicia-se, então, um esfacelamento do modelo.

Uma das respostas às críticas é que na interpretação e aplicação do Direito existe a **discricionariedade**, ou seja, órgãos com poder para escolher o que é relevante e emitir normas individuais para a solução de casos concretos.

A **subjetividade** é outra crítica que se apresenta ao modelo, uma vez que a discricionariedade implica uma escolha subjetiva daquele que tem o poder de decidir. Afirma o positivista inglês Herbert Hart (1907-1994) que, *"no momento em que surge a indeterminação, brota novamente o problema da justiça, com uma carga subjetiva, que cria uma abertura sistêmica"*. Nesse contexto, Hart legitima a decisão da autoridade sem questionar se é justa, mas sim compreendendo se é válida e aceita no sistema.

O subjetivismo abre a possibilidade de críticas ainda maiores, tais como a da *Critical Legal Studies*, no sentido de que não há diferença, nos casos discricionários, entre o legislador e o juiz, haja vista que o magistrado legisla antes de ditar a norma individual. Com isso, modelos de ponderação ou sopesamento ganham força, como veremos a seguir.

4.2 Modelos de decidibilidade

Em razão das críticas aos modelos anteriores, novos modelos de decidibilidade surgem, tais como o de Ronald Dworkin (1931-2013), que oferece a tese da integridade. Segundo esse filósofo estadunidense, uma ponderação racional busca olhar para o comportamento dos tribunais e mostrar que os juízes estão dispostos a oferecer razões baseadas em máximas morais e políticas públicas para fundamentar suas escolhas.

Ao oferecer essa tese da integralidade, Dworkin reconhece outros parâmetros normativos que não apenas as normas postas, de modo a ampliar o plexo normativo. Ele acredita que é possível, dentro de cada comunidade jurídica, reconstruir valores capazes de apontar, caso a caso, a solução correta.

A partir dessas considerações, o modelo subsuntivo começa a dar espaço a um novo modelo de justificação de decisões, surgindo o *modelo de sopesamento*. Esse modelo considera que a melhor interpretação consiste na decisão mais coerente, o que faz com que ela deixe de partir de um fundamento.

Ao contrário do modelo subsuntivo, que tem uma base dedutiva, o *modelo de ponderação* tem um raciocínio *abdutivo*, em que se parte de uma observação e se busca sua causa, por intermédio de teorias que relacionam causa e consequência. Com isso, esse modelo estabelece uma espécie de hierarquia condicionada, selecionando as melhores hipóteses de decisão em casos paradigmáticos e, consequentemente, criando normas interpretativas precedentes, diminuindo as possibilidades de escolha, o que justifica uma hierarquização condicional da interpretação prévia, uma vez que as decisões passadas começam a servir de referência para as interpretações futuras.

Seus críticos, como o neopositivista Joseph Raz (1939-2022), indicam como ponto fraco desse modelo o fato de que as decisões conhecidas como autoritárias prévias deixam de ser razões finais/ conclusivas para exercerem função indicativa, e, com isso, a decisão coerente torna-se fim. Desse modo, as razões conclusivas perdem força, abrindo espaço para decisões ponderadas, que podem ser subjetivas, esfacelando a ideia inicial do positivismo jurídico, que busca construir um conhecimento estritamente descritivo de normas jurídicas válidas e pertinentes a um sistema de normas no qual a lógica deôntica tem papel fundamental.

Além dessa crítica, há dificuldade de se construir uma hierarquia a partir de casos particulares. A resposta seria a proposta de integração de Dworkin, que, como vimos, propõe uma integridade global de uma comunidade, a ponto de identificar a solução correta para cada caso.

4.3 Modelo da argumentação ou da tópica

A cada período de crítica, é possível formular novos modelos, assim surge o *modelo da argumentação*, *da tópica* ou *da dialética*. Diferentemente dos outros dois modelos citados, esse não considera o conteúdo da proposição, e sim a relação entre os agentes em um embate argumentativo, ou seja, vê-se a comunicação, e não mais as proposições dos agentes.

4.3.1 *A tópica no modelo da argumentação*

Aristóteles, em sua célebre obra *A retórica,* ensina como ser um bom orador, como ser eloquente e como expor. Tomando como base a tradição aristotélica de retórica e tópica, Theodor Viehweg (1907-1988) afirma que existe uma estrutura espiritual tópica, distinta da estrutura dedutiva-sistemática. Entende que a tópica é uma técnica de pensar através de problemas desenvolvidos ou criados pela retórica. De fato, a palavra "tópica" deriva do grego *topos*, que significa lugar. Viehweg busca, então, *lugares comuns* para decidir.

Muitos séculos depois de Aristóteles, a revolução copernicana de Immanuel Kant (1724-1804) muda a análise do objeto do conhecimento para o **sujeito do conhecimento**. Nesse contexto, o filósofo

Chaïm Perelman (1912-1984) defende em sua obra *A nova retórica* que, além das técnicas de oratória, deve o expositor preocupar-se com a plateia, o público que assistirá à exposição. Assim, enquanto Viehweg entende que a tópica é uma técnica de pensar por meio de problemas desenvolvidos ou criados pela retórica, Perelman apresentou regras objetivas, mas advertiu a necessidade de se conhecer a plateia para a qual o orador irá se dirigir.

A crítica a esse modelo de argumentação está basicamente na subjetividade, ou seja, na ausência de critérios lógicos, sistêmicos ou metodológicos que justifiquem a escolha de determinada opção. Por exemplo, em *Protágoras*, Platão narra que Sócrates indaga Protágoras sobre o que é justo — Protágoras diz que justo consiste em "dar a cada um o que lhe é devido". Hans Kelsen, em *A ilusão da justiça* e *O problema da justiça*, rebate tal resposta do sofista, ao questionar o que é devido a cada um. Existe a vagueza nas respostas, ficando difícil encontrar uma saída mais próxima da precisão.

5. O PENSAMENTO JURÍDICO BRASILEIRO

A Filosofia é muito profícua no Brasil, e, no Direito, tanto a Filosofia como as teorias são muito ricas. Poderíamos citar diversos pensadores do Direito brasileiro, tais como Rui Barbosa, João Mendes Junior, Silvio Romero, Tobias Barreto, Pedro Lessa, José Pedro Galvão de Souza, entre outros. Entretanto, optaremos por expor aqui o pensamento dos ilustres professores Miguel Reale (1910-2006) e Tercio Sampaio Ferraz Junior (1941-), conforme veremos nos tópicos seguintes.

5.1 Miguel Reale

Graduou-se em Ciências Jurídicas e Sociais em 1934, quando escreveu seu primeiro livro, *O Estado moderno*. Doutorou-se em Direito em 1941, quando se tornou catedrático de Filosofia do Direito na Universidade de São Paulo (USP). Foi um dos maiores expoentes que a Filosofia do Direito já teve neste país.

Reale lançou a base para sua Teoria Tridimensional do Direito com sua tese *"Fundamentos do Direito"* (1940), trazendo uma abordagem inédita na doutrina. O autor defende que a Ciência Jurídica tem, por obrigação, de ser considerada enquanto uma realidade cultural, não podendo ser, portanto, uma Ciência pura, desligada do mundo sensível. A partir disso, faz uma relação entre *o fato, o valor e a norma* (Figura 3).

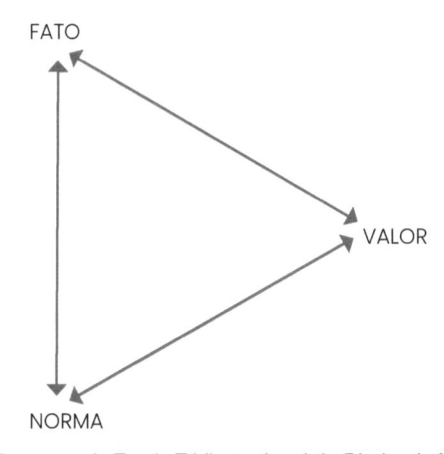

Figura 3. Esquema da Teoria Tridimensional do Direito de Miguel Reale.

É possível dizer que, em linhas gerais, a Teoria Tridimensional do Direito dispõe que o Direito se apresenta, e deve ser analisado, por meio de três aspectos inseparáveis e distintos entre si:

1. o primeiro, *axiológico* (que envolve o valor de justiça, a cultura);

2. o segundo, *fático* (que trata do fato, da efetividade social e histórica);

3. o terceiro, *normativo* (que compreende o ordenamento, a norma, o *dever-ser*).

Com esses elementos, é necessário estudar o Direito por meio de uma relação de unidade e de integração entre fatos e valores para, dessa maneira, termos a norma.

Segundo Reale, o tridimensionalismo do Direito se dá em uma relação dialética de implicação e polaridade. Ou seja, os três elementos se colocam dialeticamente, correspondendo o *fato* à tese, o *valor* à antítese e a *norma* à síntese do fato e do valor. Além disso, um fato implica imediatamente seu outro polo, o valor; e implica outro polo, a norma, conforme nos mostra a Figura 4.

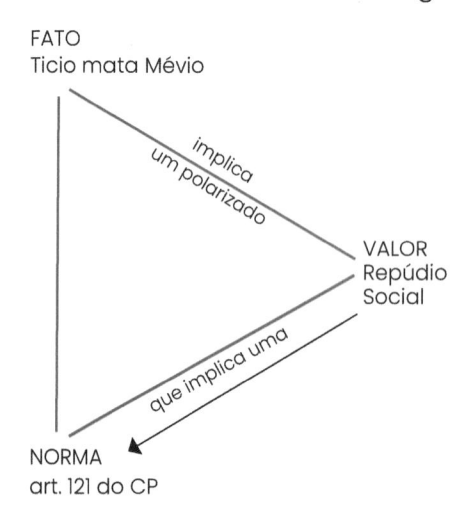

Figura 4. Esquema da dialética de implicação e polaridade de Reale.

5.1.1 *O culturalismo em Reale*

Para Reale, o Direito é um fenômeno cultural. O culturalismo é uma concepção do Direito presente no historicismo contemporâneo, que aplica os princípios fundamentais da axiologia, ou seja, da teoria dos valores em função dos graus de evolução social no estudo do Estado e do Direito. Por considerar o valor, nesse sentido, incluiu uma nova dimensão à clássica divisão da Filosofia do Direito. Além da Gnosiologia, da Deontologia e da Epistemologia jurídicas, já existentes, Reale criou a *Culturologia Jurídica*.

5.1.2 *Nomogênese jurídica*

Para Reale, vários valores incidem sobre um fato, e desses valores muitas outras normas podem surgir. A questão aqui seria qual norma escolher. Esquematicamente, seria como vemos na Figura 5.

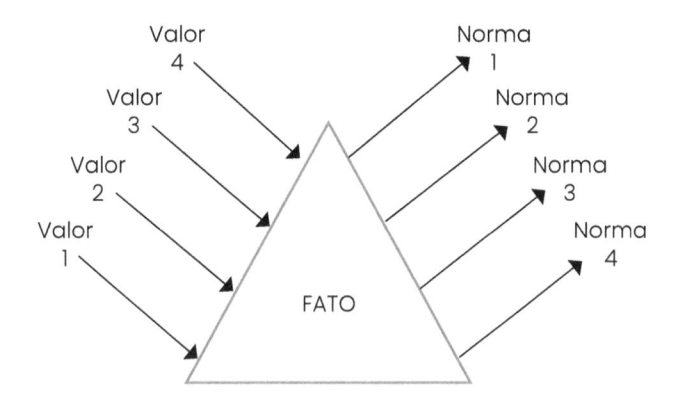

Figura 5. A nomogênese jurídica de Reale.

Dos valores que incidem e das normas que refletem, devemos optar por uma norma. É o *Poder* que será o elemento para a escolha dessa norma (Figura 6).

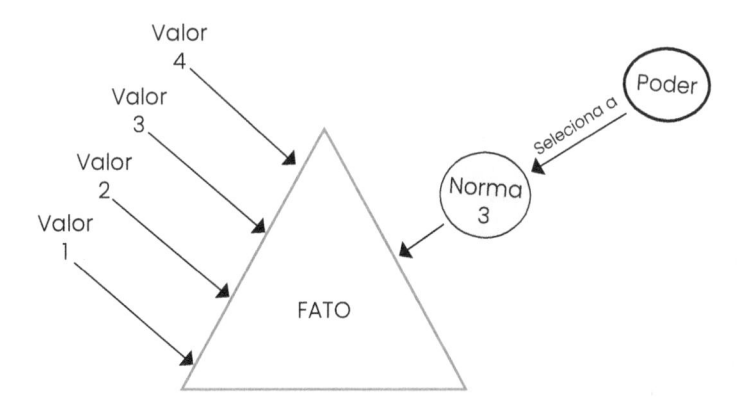

Figura 6. Em um Prisma chamado de "fato" incidem diversas percepções e "valores", disso, várias normas podem surgir, mas apenas aquela selecionada pelo Poder deve produzir os efeitos no campo do Direito.

Por meio da proposta de Reale, é possível inferir que o Direito é dinâmico, portanto, a norma jurídica não pode ser vista como um modelo lógico definitivo, uma vez que é um modelo ético-funcional, sujeito à prudência exigida pelo conjunto das circunstâncias fático-axiológicas em que se acham situados os seus destinatários (REALE, 1968, p. 200).

5.2 Tercio Sampaio Ferraz Junior

Aluno de Miguel Reale, Tercio Sampaio é visto como um dos maiores jurisfilósofos da atualidade. Sua contribuição para a Teoria do Direito preconiza que a decidibilidade dos conflitos é o problema central da Ciência do Direito contemporâneo, enquanto Ciência prática.

Segundo o autor, o Direito é um fenômeno decisório, em que o juiz não pode deixar de julgar valendo-se do *non liquet* (não julgo). Tal fenômeno é vinculado ao poder e à Ciência jurídica como uma tecnologia. Para ele, com relação ao estudo de Reale, há uma dicotomia entre zetética e dogmática em uma dialética de implicação e polaridade. Assim, sua **teoria da calibração** diz respeito ao elemento de preservação do ordenamento jurídico. Isso porque a hierarquia do sistema não é piramidal, mas sim circular: existem vários centros hierárquicos, sendo o sistema normativo dinâmico.

6. DIREITO E IDEOLOGIA

O termo "ideologia" foi inicialmente criado pelo filósofo francês Destutt de Tracy (1754-1836), em seu livro *Eléments d'Idéologie I* (1801). Para o autor, "a ideologia é o estudo das instituições políticas não de uma maneira absoluta, mas relativamente ao tempo em que elas se formam e ao meio em que elas se estabelecem" (DELBEZ, 2007, p. 25). Após alguns anos, Destutt de Tracy e seu grupo de enciclopedistas entraram em conflito com Napoleão Bonaparte, ganhando o termo "ideologia" um sentido pejorativo, uma vez que o estadista francês utilizava o termo ideologia para demonstrar que os ideologistas eram ultrapassados, não tinham nexo político ou contato com a realidade, que viviam num mundo especulativo.

Tomemos, por exemplo, Karl Marx (1818-1883), em *A ideologia alemã*, que alegava que a ideologia é equivalente à ilusão, falsa consciência, como um conjunto de crenças, trazendo a ideia de que o ideólogo é aquele que inverte as relações entre a ideia e o real (ABBAGNANO, 2000, p. 531-532). Para Marx, *ideologia* é, portanto, um conceito pejorativo, um conceito crítico que implica ilusão. Com isso, podemos constatar que as primeiras definições de ideologia não são tão positivas ou otimistas. Para mais aprofundamentos, sugerimos a leitura do artigo de Henrique Garbellini Carnio, "Direito e ideologia: o direito como fenômeno ideológico" (2009).

Historicamente e até o momento, portanto, não houve a proposição de uma definição do termo "ideologia". Isso porque o próprio termo carrega uma série de significados convenientes e nem todos compatíveis entre si. Foi preciso adotar uma nova postura definidora da ideologia como sendo a possibilidade de uma *postura intelectual, crítica, emancipadora e que está relacionada aos atos humanos.* Desse modo, toda essa complexidade da significação da palavra "ideologia" ganha uma organização sociológica, elaborada por Karl Mannheim (1893-1947), em seu livro *Ideologia e utopia.*

Para Mannheim, **ideologia** pode ser entendida como um conjunto de ideias, teorias e concepções que visam manter a ordem existente. Essas ideias podem ser conscientes ou inconscientes, mas todas servem, de alguma forma, para legitimar e perpetuar o *status quo.*

Já as **utopias** são as ideias e teorias que sonham com uma realidade diferente, algo que ainda não existe. Aqui, há uma dimensão crítica, uma negação da ordem social atual, posto que as utopias são subversivas, críticas e até mesmo revolucionárias.

Quando olhamos para esses dois conceitos – ideologia e utopia –, percebemos que são basicamente duas formas de lidar com o mesmo fenômeno. Um lado trabalha para manter as coisas como estão (ideologia), enquanto o outro sonha com algo novo e diferente (utopia).

Interessante salientar o ponto de vista de Marilena Chauí (1984, p. 119) sobre a produção social da ideologia. Ela explica que a ideologia é produzida socialmente em três momentos fundamentais. Em resumo, é um processo que acontece em contextos específicos das formações sociais, contribuindo para legitimar ideias e manter a ordem estabelecida, conforme nos explica a seguir:

a) inicia-se como um conjunto sistemático de ideias de uma classe em ascensão, cuidando para que os interesses desta legitimem a representação de todos os interesses da sociedade por ela. Nesse momento se está, assim, legitimando a luta da nova classe pelo poder;

b) no segundo momento, espraia-se no senso comum, ou seja, passa a se popularizar, passa a ser um conjunto de ideias e conceitos aceitos por todos que são contrários à dominação existente. As ideias e os valores da classe emergente são interiorizados pela consciência de todos os membros não dominantes da sociedade;

c) uma vez assim sedimentada, a ideologia se mantém, mesmo após a chegada da nova classe ao poder, que é então a classe dominante, os interesses de todos que eram os não dominantes passam a ser negados pela realidade da nova dominação.

EM RESUMO:	
Teoria do Direito	São muitas as teorias do Direito, e cada uma delas deve ser compreendida em seu tempo e espaço, respeitando as diferentes influências de cada um dos pensadores, que resultam em diferentes teorias para o mesmo objeto.
O sistema fechado de Hans Kelsen	Hans Kelsen desenvolveu sua Teoria Pura com o objetivo de fazer uma análise científica do Direito, apenas estrutural, sem a influência de ideologias, valores ou outros fatores externos.

A abertura do sistema com Norberto Bobbio	Bobbio considera que existe uma multiplicidade de normas (sociais, morais, jurídicas etc.). Para efeito de seus estudos, importa principalmente a norma jurídica. Na obra *Teoria da norma jurídica*, apresenta os critérios de valoração da norma (validade, existência, eficácia e justiça).
O realismo jurídico de Alf Ross	Sua teoria destoa da kelseniana, pois busca construir um modelo teórico de Ciência cujas proposições sejam verificadas com base na experiência, assim como na Ciência natural; ao contrário de Hans Kelsen, que buscava pureza em sua teoria descartando o empirismo para fundamentar seu pensamento.
A superação do modelo lógico formal pela lógica do razoável	Para Siches, o Direito, que desde um ponto de vista sociológico é um tipo de fato social, atua como uma força configurante das condutas, modelando-as e nelas intervindo de modo auxiliar ou principal, ou se preocupando de qualquer outra maneira com o sujeito agente.
John Rawls e uma teoria da justiça	A estrutura básica da sociedade proposta por Rawls pode ser entendida como a forma como as principais instituições sociais se arranjam em um sistema único, pelo qual consignam direitos e deveres fundamentais e estruturam a distribuição de vantagens resultante da cooperação social.
Modelo subsuntivo	Na década de 1970, Carlos Alchourrón e Eugenio Bulygin propuseram que a decidibilidade no Direito deveria se justificar por escolhas anteriores, imparciais, e que as propriedades relevantes já seriam identificadas e universalizáveis.
Modelo de sopesamento	Considera que a melhor interpretação consiste na decisão mais coerente; desse modo, a decisão deixa de partir de um fundamento dado para se encontrar uma decisão que visa justificar o ordenamento como um todo coerente.

Modelo da argumentação ou da tópica	Diferentemente dos outros dois modelos, este não se volve para o conteúdo da proposição, e sim para a relação entre os agentes em um embate argumentativo, ou seja, vê-se a comunicação e não mais as proposições dos agentes.
Miguel Reale	Reale defende que a Ciência Jurídica tem, por obrigação, de ser considerada em termos de uma realidade cultural. A partir desta, o autor faz uma relação entre o fato, o valor e a norma, sendo que o Direito não pode ser considerado como uma Ciência pura, desligado do mundo sensível.
Tercio Sampaio Ferraz Junior	O autor considera que a decidibilidade dos conflitos é o problema central da Ciência do Direito contemporâneo, enquanto uma Ciência prática.
Direito e ideologia	Historicamente, nem no passado nem nos tempos atuais houve a proposição de uma definição única do termo ideologia. Isso porque o próprio termo "ideologia" tem toda uma série de significados convenientes e nem todos compatíveis entre si.

Ética e Estatuto Jurídico da Magistratura Nacional

Costumeiramente, entende-se a Ética como as normas a serem seguidas por um indivíduo que vive em sociedade em suas ações. O filósofo francês Régis Jolivet (1891-1966) entende a Ética como "a ciência que define as leis da atividade livre do homem ou a ciência que trata do uso que o homem deve fazer de sua liberdade, para atingir seu fim último" (JOLIVET). Isso quer dizer que o ser humano, por ser livre, pode praticar atos segundo as normas éticas ou não. Se o ser humano não fosse livre, e, portanto, apto a decidir que ação tomar, seria como os animais, que se guiam pelo instinto.

> **Importante**
>
> No mundo à nossa volta se distinguem duas grandes dimensões:
>
> a) a do ser, que compreende tudo o que existe;
>
> b) a do dever-ser, que abrange tudo o que deve acontecer pela ação dos seres humanos.
>
> O *dever-ser* é o objeto da parte da Filosofia prática que chamamos de *Ética*.

1. A POSIÇÃO DA ÉTICA NO ÂMBITO DA FILOSOFIA

Os gregos dividiam a Filosofia em três grandes partes: (1) a lógica, que diz respeito às regras do raciocínio correto; (2) a metafísica, acerca das leis que presidem o mundo dos seres humanos; e (3) a Ética, que se refere às normas que se impõem no âmbito do comportamento.

Eles costumavam vincular as leis que regulam o comportamento humano às leis que dirigem o mundo físico, químico e biológico. Muito possivelmente, essa é a razão de vários mitos presentes durante séculos no *inconsciente coletivo* negarem a liberdade humana e reforçarem a crença em um destino ou *fatum*, do qual ninguém escaparia.

Essas ideias sobreviveram no mundo greco-romano por muito tempo, chegando ao século III d.C. através de vários pensadores do Estoicismo, conforme já estudamos. Foi o Cristianismo que trouxe ao Ocidente, desde o início de nossa Era, a ideia de livre-arbítrio do homem, criador de seu próprio destino, entre eles Santo Agostinho e São Tomás de Aquino, conforme também já abordado.

2. FINALIDADE E RACIONALIDADE ÉTICA

O ser humano age racionalmente com um objetivo, uma **finalidade**. A fim de escolher essa finalidade, através da razão, ele pode seguir pela opção que entende ser boa ou conveniente e se afastar daquela que seria má ou inconveniente.

Nesse sentido, o ser humano se guiará por três elementos: a vontade, a verdade e a inteligência. A primeira não age por acaso. As faculdades de inteligência e sensibilidade do ser humano têm um objetivo determinado, que é seu fim imediato. Sobre a verdade, diziam os antigos escolásticos que ela *é o fim (a finalidade) da inteligência, do mesmo modo que a beleza é o fim do sentimento estético*. O verdadeiro (*verum*) e o belo (*pulchrum*) conduzem ao bem total do homem (*bonum*), que é o objeto da sua vontade.

Em sua obra *Ética a Nicômaco*, Aristóteles mostra que a livre escolha do ser humano encontra a virtude como meio-termo entre dois vícios opostos. De acordo com o filósofo, todas as ações visam a um bem cuja finalidade maior é a felicidade. Esta, por sua vez, será atingida com uma postura de vida que a persiga. Aristóteles adverte, no entanto, que não são atos isolados que tornam alguém feliz: para se atingir a felicidade, é preciso agir com ética.

A grande questão é como saber se estamos ou não agindo de maneira ética. Buscando encontrar essa resposta, o pensador alemão Immanuel Kant (1724-1804) enuncia o princípio de toda ação ética, ou o que ele chamou de *imperativo categórico*. O imperativo categórico tem como preceito o seguinte mandamento: "Age de tal modo que a regra da tua ação se possa tornar o fundamento de uma norma para todos". Isso significa que devemos generalizar os atos que pensamos em praticar ou que praticamos e verificar se, abstratamente, são reprováveis ou não, analisando o que os demais achariam deles. Essa generalização leva-nos, enfim, à **racionalização**.

3. PARTES DA ÉTICA E SUAS DISTINÇÕES

A Ética, que Kant chama de "metafísica dos costumes", divide-se em três grandes partes, conforme sugestão do jurista alemão Cristiano Thomasius (1655-1728): 1) Moral ou Ética individual (*honestum*); 2) Direito (*justum*); e 3) Regras do decoro (*decorum*).

Cada uma dessas partes apresenta subdivisões importantes para este estudo, conforme é possível observar na Figura 1.

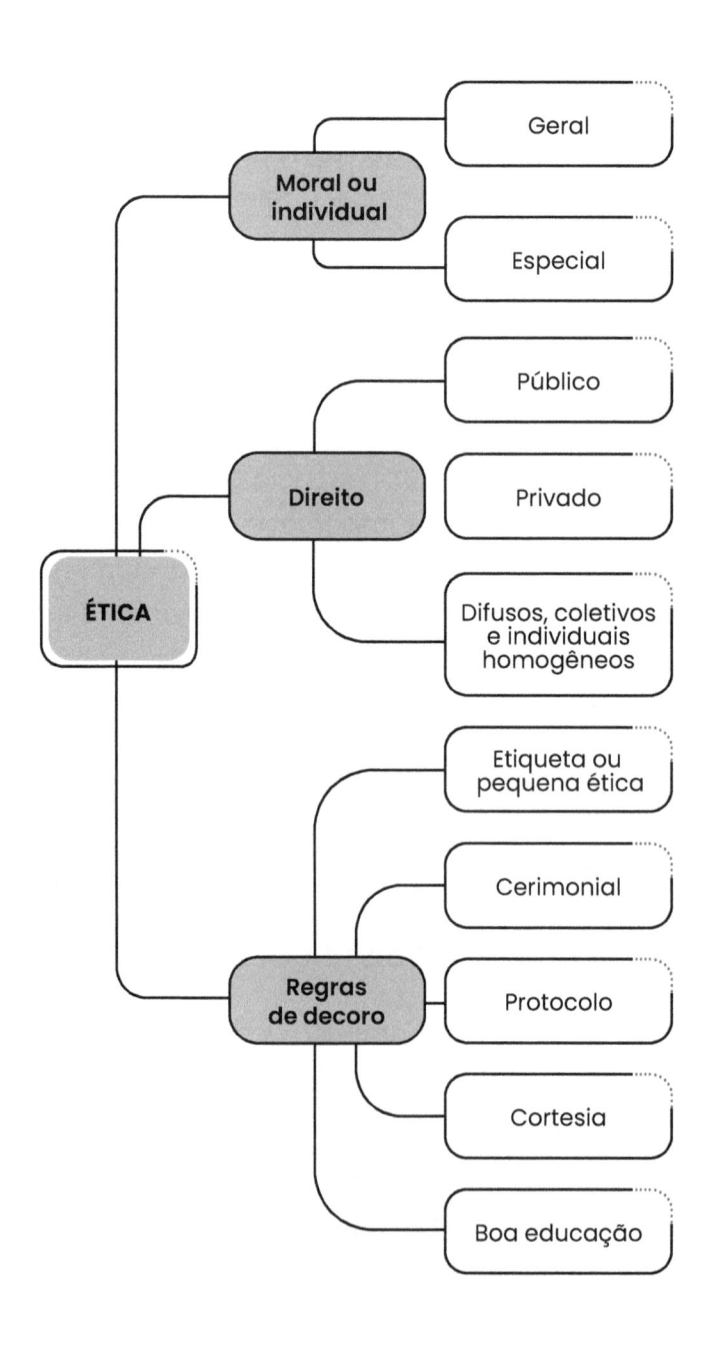

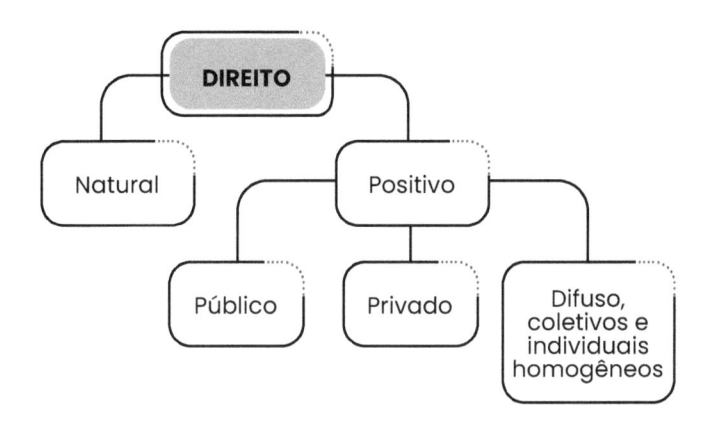

Figura 1. Esquema das divisões e subdivisões da Ética segundo Thomasius.

Assim, a distinção principal entre as normas morais no sentido individual e as normas do Direito ou jurídicas reside na *coercibilidade* das últimas — isso significa, por exemplo, que o lesado pelo não cumprimento de norma jurídica pode exigir seu cumprimento mediante o uso da força por parte do Estado, que seria a coerção física e a coação ou ameaça psíquica. Por outro lado, o que distingue a norma jurídica da de decoro é que a norma jurídica atribui ao ofendido a faculdade de exigir punição ou ressarcimento do dano sofrido, enquanto as regras de decoro só podem gerar uma condenação ou reprovação social — essa possibilidade do Direito, sendo violado, de trazer uma sanção, chama-se *atributividade*.

As normas mais "fracas" seriam, portanto, as normas morais, pois a única sanção para quem as viole é a que diz respeito à própria consciência, o que não tem nenhum efeito em indivíduos amorais ou sem ética.

Apesar dessas muitas vertentes, neste estudo nos ocupamos da Ética no sentido de moralidade, mais especificamente a geral, uma vez que a moral especial se dirige a determinadas categorias de pessoas; por exemplo, ética médica, ética dos advogados, ética dos funcionários públicos, ética dos publicitários etc.

4. A ÉTICA E AS LEIS

Com base em uma concepção racional da Ética, pode-se definir uma norma de Ética ou **lei**, segundo São Tomás de Aquino, *"como uma ordenação da razão, promulgada para o bem comum por aqueles que dirigem uma comunidade"*. Entende-se como uma *ordenação da razão* porque, para se constituir enquanto norma, ela se apoia em considerações que a justificam, o que impossibilita ser ela uma ordem arbitrária, baseada em capricho.

A finalidade da lei é servir ao bem comum de uma comunidade, e não ao bem de um indivíduo em particular. Ao obrigar cada indivíduo, ela se dirige a todos, tendo em vista o bem-estar geral. Para que a lei exista de fato e se cumpra, ela deve ser promulgada e não pode ser obedecida se não for publicamente conhecida.

Historicamente, segundo os mais antigos filósofos da Antiguidade, as leis guardavam uma hierarquia, conforme sua fonte de origem, sendo as leis mais elevadas, na perspectiva da Filosofia antiga, as *leis divinas*, provenientes da divindade, sendo evidentemente propagada por meio dos "mensageiros" dos deuses. Em seguida, estariam as *leis da natureza*, também elaboradas pelas divindades, porém mais perceptíveis, de maneira geral, dada a harmonia (do grego, *cosmos*) que rege o universo. Em último grau encontra-se *a lei humana*, feita pelas assembleias dos homens em uma cidade ou nação, sujeitas a erro e revisão constante, pois são passíveis de falha.

5. DEVER, VIRTUDES E VÍCIOS

5.1 Dever

Na Filosofia, como já mencionamos, Kant fundamenta a obrigação moral na razão, que, por sua vez, formula uma lei universal e absolutamente necessária. Nesse sentido, o *dever* é um juízo de valor, formulado com base em algum tipo de raciocínio, seja ele religioso, natural ou positivo, e que impõe uma obrigação, respectivamente, religiosa, natural ou positiva. Caso tal obrigação seja descumprida, ela estará violando uma regra, racionalmente aceitável, para indiscutível proveito próprio ou de outrem.

Importante

Os *conflitos de deveres* são também conhecidos como dilemas éticos, e ocorrem quando uma pessoa se encontra em uma situação em que tem que escolher entre dois ou mais deveres morais que parecem entrar em conflito. Aqui estão alguns exemplos comuns de conflitos de deveres:

1. O dever da verdade vs. Proteger sentimentos:

- Situação: você está ciente de um segredo prejudicial que um amigo está escondendo de outra pessoa próxima a ambos.
- Conflito: o dever de ser honesto e transparente (verdade) contra o dever de proteger os sentimentos do amigo.

2. Confidencialidade vs. Prevenir dano:

- Situação: você é um profissional de saúde mental e seu paciente revela a você que planeja causar dano a outra pessoa.
- Conflito: o dever de manter a confidencialidade do paciente contra o dever de prevenir danos a terceiros.

3. Lealdade à empresa vs. Ética profissional:

- Situação: você trabalha para uma empresa e descobre que ela está envolvida em práticas comerciais antiéticas.
- Conflito: o dever de lealdade ao empregador contra o dever de agir eticamente.

4. Promessa pessoal vs. Dever profissional:

• Situação: você fez uma promessa a um amigo de não contar a ninguém sobre algo, mas isso entra em conflito com uma obrigação profissional.

• Conflito: o dever de manter uma promessa pessoal contra o dever profissional de agir corretamente.

5. Justiça vs. Caridade:

• Situação: você está encarregado de distribuir recursos limitados entre um grupo de pessoas necessitadas, mas alguns têm necessidades mais urgentes.

• Conflito: o dever de ser justo, distribuindo igualmente contra o dever de mostrar caridade aos mais necessitados imediatamente.

6. Autopreservação vs. Dever para com outros:

• Situação: em uma situação de emergência, você tem a oportunidade de se salvar, mas isso significa não poder ajudar os outros.

• Conflito: o dever de autopreservação contra o dever de ajudar os outros em perigo.

7. Dever parental vs. Dever profissional:

• Situação: seu trabalho exige que você viaje frequentemente, mas você também é um pai ou mãe responsável.

• Conflito: o dever de cumprir suas responsabilidades parentais contra o dever de cumprir suas obrigações profissionais.

Esses exemplos ilustram como diferentes deveres éticos podem entrar em conflito, exigindo uma reflexão cuidadosa sobre qual curso de ação é mais ético em uma determinada situação.

Os antigos romanos afirmavam que o direito e o dever são correlatos, ou seja, o direito de alguém implica o dever de outrem e reciprocamente. Em síntese, o direito é um *poder moral*, isto é, um poder que se baseia na razão e na lei moral, opondo-se, assim, *ao poder físico*, que se baseia na força. Por essa razão, *somente a pessoa humana é sujeito de direito*, uma vez que somente o ser humano, porque é inteligente e livre, é uma pessoa e tem direitos; é capaz de exercer um poder moral; é o único capaz de conhecer a lei e as obrigações que dela derivam, para si ou para outrem.

> ### Importante
>
> Kant ensina que o Direito se baseia na *dignidade da pessoa humana*, que se exprime na sua liberdade moral.
>
> Desde o século XVII, cada vez mais se aprofundam os direitos inalienáveis da pessoa humana, inclusive o que se enunciaria como "o direito de ter direitos", na opinião sempre abalizada de Norberto Bobbio (1909-2004).

O sujeito da lei, seja ela religiosa, moral, jurídica e mesmo de cortesia, é aquele que tem *vontade livre*, condição essencial dos atos *humanos, passíveis de uma avaliação ética.* O grau de responsabilidade moral dos atos humanos dependerá do grau de liberdade com que foram realizados. Assim, quanto maior a liberdade no cometimento do ato, maior a responsabilidade de quem os cometeu.

Como os atos morais são, por essência, atos livres, ou seja, atos desejados por quem os pratica, que não residem nos deveres, segue-se daí que assumimos a sua *responsabilidade,* que eles se tornam para nós causas de *mérito* ou *demérito* e que exigem *sanções apropriadas*, constantes nas leis. Além disso, a atividade moral gera hábitos, bons ou maus, que caracterizamos como virtudes e vícios, dos quais trataremos na sequência.

> **Importante**
>
> Algumas causas podem agir sobre a vontade para diminuir ou anular a sua *responsabilidade*. São elas: a paixão, o medo, a violência, a ignorância, o engano, ou algum fator de perturbação do julgamento moral do agente.

5.2 Virtudes e vícios

O filósofo francês Régis Jolivet abordou a definição de virtude em seus escritos. Segundo Jolivet, a virtude pode ser compreendida como "o hábito do bem", representando uma disposição estável para agir de maneira ética e moralmente correta. Ele destaca que a virtude influencia a vontade do agente moral, promovendo uma orientação consistente em direção ao bem.

Essa definição ressalta a ideia de que a virtude não é apenas um ato isolado, mas sim um hábito incorporado, uma disposição arraigada que guia as ações de uma pessoa de maneira consistente. Além disso, ao enfatizar a estabilidade e a regularidade na prática do bem, Jolivet destaca a importância do caráter ético duradouro associado à virtude.

Com base nessa definição, é possível classificar as virtudes de acordo com sua importância. Platão chamou de *virtudes cardeais* aquelas tidas como as primeiras e fonte de todas as outras. São elas: prudência, coragem, temperança e justiça.

Delas, viriam as virtudes derivadas: paciência, modéstia, retidão, moderação e ponderação.

A compreensão e aplicação das virtudes cardeais propostas por Platão desempenham papel crucial no cotidiano dos profissionais do Direito, fornecendo um arcabouço ético essencial para a prática jurídica. A prudência, por exemplo, orienta as decisões judiciais com discernimento e equilíbrio, assegurando que os fundamentos legais se alinhem com princípios éticos sólidos. A coragem se manifesta na defesa intransigente da justiça, mesmo diante de pressões externas, garantindo a integridade do sistema jurídico. A temperança, ao ser aplicada na administração do Direito, promove a ponderação necessária para evitar excessos e garantir que as ações estejam em conformidade com a ética profissional. Por fim, a justiça, como virtude central, guia os profissionais do Direito a agirem com imparcialidade, garantindo o acesso igualitário à justiça para todos. Assim, a adoção consciente dessas virtudes não apenas eleva a prática jurídica a padrões éticos mais elevados, mas também contribui para a construção de uma sociedade mais justa e equitativa.

Em contraposição à virtude, teríamos o vício. Retomando Régis Jolivet, o *vício* "é o *hábito do mal*, ou uma disposição estável para agir mal", destacando a existência de vícios primários e seus derivados. Os vícios primários são as tendências fundamentais que se manifestam de maneira mais ampla, como a intemperança, que representa a busca desenfreada por prazeres sensoriais. Esses vícios primários dão origem a vícios secundários ou derivados, que são manifestações mais específicas e situacionais, como a gula, um derivado da intemperança ligado ao excesso alimentar, conforme tabela a seguir:

Quadro 1. Vícios primários e seus derivados.

Vícios primários	Vícios derivados (decorrência ou expressões dos vícios primários)
Soberba	Orgulho e vaidade
Avareza	Mesquinhez
Luxúria	Embriaguez, devassidão

Vícios primários	Vícios derivados (decorrência ou expressões dos vícios primários)
Ira	Cólera, grosseria
Gula	Voracidade
Inveja	Murmuração, difamação
Preguiça	Lerdeza, desatenção e negligência

Assim, a compreensão dos vícios primários e seus desdobramentos é essencial para uma análise detalhada das disposições éticas e para a promoção de uma conduta moralmente saudável.

6. MORAL PESSOAL E MORAL SOCIAL

Na escala dos deveres éticos, cumpre ao ser humano deveres para consigo mesmo (a moral pessoal) e com os vários grupos sociais a que pertence, como a família, o trabalho, os amigos, a humanidade (a moral social). No que tange aos deveres pessoais, ou seja, os que são individuais, podemos exemplificar:

- **Preservação da saúde:** utilizar meios adequados para conservar a saúde, como o uso de medicamentos apropriados e a prática de hábitos saudáveis.

- **Moderação nas finanças:** cuidar moderadamente das economias pessoais, garantindo recursos para si mesmo e para a família, evitando desperdícios e gastos desnecessários.

- **Busca por conhecimento:** adquirir conhecimentos necessários para desempenhar satisfatoriamente uma profissão, investindo em educação e desenvolvimento intelectual.

Ocorre que, segundo Aristóteles, a sociedade é resultado da natureza, o que, por conseguinte, faz *do homem* um ser *eminentemen-*

te sociável e sujeito a diversas necessidades, como educacionais, físicas, intelectuais e morais. Nesse sentido, são deveres éticos do ser humano para com a sociedade:

- *O dever de falar e escrever com veracidade certa ou presumível.* Toda mentira é um desrespeito à inteligência alheia, que busca sempre a verdade, além de tornar quase impossível a vida em sociedade ao instalar um regime de desconfiança, contrária ao bem de todos.
- *O respeito pela liberdade alheia.* A liberdade é um direito fundamental do ser humano, dotado de livre-arbítrio e inteligência, capaz de agir com independência, incluindo aqui a liberdade de pensamento filosófico, político, moral e religioso.
- *O respeito pela dignidade alheia.* É o dever de presumir a inocência das pessoas, até prova clara de sua culpa; de não propalar opiniões desfavoráveis sobre alguém sem base nos fatos, tendendo sempre ver um possível lado bom nas ações das pessoas.

Além disso, os deveres para com a sociedade passam também pela esfera doméstica. A sociedade conjugal refere-se à união legal e afetiva entre duas pessoas, geralmente formalizada por meio do casamento. Nesse contexto, os cônjuges compartilham uma vida em comum, formando uma entidade familiar que visa objetivos como a procriação, a educação dos filhos e a mútua assistência moral e física. A sociedade conjugal estabelece deveres recíprocos entre os parceiros, como o dever de amor, fidelidade, colaboração e apoio nos desafios da vida. A dinâmica da sociedade conjugal pode variar cultural e legalmente, mas em muitas sociedades ela é vista como a base fundamental da estrutura familiar. Os cônjuges podem abster-se de ter filhos, contanto que estejam de comum acordo, mas o fato de tê-los é um grande serviço à sociedade humana.

7. A GNOSIOLOGIA E AS TEORIAS ÉTICAS

Para os gregos, era possível conhecer a essência dos seres. Sendo o mundo visível um dado objetivo, cujo conhecimento intrínseco pressupunha a teoria geocêntrica do universo (que considerava a Terra fixa em uma posição central com todos os outros corpos celestes orbitando ao seu redor), a partir das leis naturais eles estabeleceram a ideia de uma "moral natural" e um "direito natural", que seria o melhor modelo para as leis humanas.

Tal ideia perdurou até os séculos XV e XVI, quando os humanistas colocaram o homem como centro do mundo cognoscível, originando a chamada teoria antropocêntrica. Na época do Renascimento (século XVI), o melhor conhecimento do planeta, proporcionado pelas grandes navegações dos séculos XV e XVI, e os novos instrumentos de observação do espaço sideral, como a luneta astronômica, levaram o homem de cultura a se sentir inseguro perante os dados transmitidos pela tradição tanto grega como medieval, sobretudo depois de o heliocentrismo de Copérnico se impor em todas as academias de ciências da Europa.

Se antes o modelo era a natureza, agora a base é a razão humana. Se antes o bom e o mau comportamento se mediam pela proximidade maior ou menor com as leis naturais, agora o referencial é a racionalidade maior ou menor do que é posto como bom ou mau por uma norma moral ou jurídica, ou seja, não se acata como bom senão aquilo que se fundamenta em um raciocínio correto. Essa mudança radical no modo de conceber o mundo a partir do sujeito pensante, como se vê em René Descartes (1596-1650) com sua afirmação "penso, logo existo", se dá no campo da gnosiologia (do grego, *gnosis* = conhecimento + *logos* = doutrina, teoria) ou teoria do conhecimento, mas vai afetar a Filosofia como um todo, transformando os critérios da Ética. Devido à relação que guarda com a gnosiologia, o conceito de Ética, então, tem variado ao longo da História.

Com as tais variações de conceito da Ética com o passar dos tempos, tornou-se possível dividir essas concepções em três categorias, segundo a maneira pela qual cada uma concebe a finalidade máxima do ser humano e, por conseguinte, o fundamento da Ética: (1) a *utilitarista*, que colocou a suprema finalidade do homem no prazer; (2) *a altruísta*, que considera que a suprema finalidade do homem é adquirir sentimentos desinteressados; e (3) a *racionalista,* que vê a suprema finalidade do homem na obediência ao dever conhecido pela razão. Vejamos cada uma dessas teorias em particular.

7.1 Ética utilitarista: o hedonismo, o epicurismo e a teoria de Jeremy Bentham

A *teoria utilitarista* representa um dos principais alicerces da ética normativa, destacando-se por sua abordagem pragmática e orientada para as consequências. Fundamentada na ideia central de que as ações humanas devem ser avaliadas com base na maximização da felicidade e na minimização do sofrimento, o utilitarismo busca criar um arcabouço ético que proporcione o maior bem-estar possível. Surgida no contexto filosófico, essa teoria teve desenvolvimentos significativos ao longo dos séculos, com expoentes como Jeremy Bentham e John Stuart Mill moldando seus princípios.

A visão utilitarista encontra-se intrinsecamente vinculada ao *hedonismo,* que valoriza a busca pelo prazer como uma força motriz fundamental nas decisões éticas. Nesse contexto, a teoria utilitarista oferece uma perspectiva distintiva na análise moral, priorizando a utilidade e a felicidade como critérios centrais para avaliar a correção ética das ações.

O hedonismo (teoria dos filósofos gregos Górgias, Cálicles e Aristipo de Cilene) professa que é necessário aproveitar o prazer toda vez que nos seja possível. Um prazer perdido não retorna. A regra é o gozo imediato.

Em contraste, o *epicurismo*, doutrina defendida pelo filósofo Epicuro de Samos, apresenta uma perspectiva mais refinada, repele o sistema do gozo imediato, argumentando que o verdadeiro prazer deriva da moderação, escolha cuidadosa dos prazeres e um estado de tranquilidade interior (ataraxia). Assim, no próprio interesse do gozo, é necessário escolher entre os prazeres, tomando aqueles que não são acompanhados de nenhuma dor, aqueles que não ameaçam privar-nos de um prazer maior; preferindo os prazeres calmos aos prazeres violentos, eliminando qualquer procura de prazeres artificiais, como querem os hedonistas.

Por sua vez, o filósofo inglês do século XVIII, Jeremy Bentham (1748-1832), que por vezes busca dar ao epicurismo um caráter científico e torná-lo menos austero, declara ter como finalidade a obtenção da maior quantidade possível de prazer, para o maior número de pessoas. Para chegar a isso, convém construir uma espécie de aritmética de prazeres, que permite escolher, entre os prazeres que se apresentam, aqueles que são superiores por sua intensidade, certeza, proximidade, duração, pureza, alcance e fecundidade, denominando isso de *moral do interesse pessoal*.

Todas essas correntes, embora compartilhem a ideia central de maximização do prazer, oferecem abordagens distintas sobre como alcançar essa meta na conduta humana.

7.2 Ética altruísta: a moral cristã e o positivismo

A teoria altruísta, fundamentada nas raízes éticas da moral cristã e influenciada pelo positivismo, propõe uma abordagem ética centrada na noção de sacrifício pessoal em prol do bem coletivo.

A moral cristã está baseada nos ensinamentos dos evangelhos que narram a vida e os ensinamentos de Jesus Cristo, nascido na Palestina, então colônia romana no tempo dos imperadores César Augusto e Tibério. Sua doutrina foi divulgada por todo o Ocidente nos séculos I a VIII, cujo princípio ético fundamental é "desejar ao próximo o que se quer para si mesmo".

A moral cristã estabelece a base para o altruísmo, em que o indivíduo é convocado a desejar para os outros aquilo que deseja para si mesmo. Essa ética encontra respaldo não apenas na esfera religiosa, mas também nas perspectivas do positivismo, uma corrente filosófica que busca uma ética humanitária e universal.

Auguste Comte (1798-1857), um dos principais expoentes do positivismo, defendeu uma moral voltada para o "altruísmo", em que a busca pela evolução do bem comum prevalece sobre interesses individuais. Segundo Comte, tendo a humanidade uma existência mais real do que o indivíduo, este deve sacrificar-se para a evolução do Grande Ser Coletivo. Dessa maneira, todo entendimento sobre moral passa pela lógica de que só é moralmente válido aquilo que contribui para o aperfeiçoamento do gênero humano.

Assim, a teoria altruísta representa um chamado à renúncia individual em nome do progresso e do bem-estar da humanidade, unindo princípios cristãos e positivistas em uma visão ética que transcende o âmbito pessoal.

7.3 Ética racionalista: o eudemonismo racional, a moral estoica e a ética formal

A teoria racionalista na Ética se fundamenta na primazia da razão como guia para a conduta moral, buscando compreender a natureza da virtude, a finalidade ética e os deveres que regem a ação humana. O eudemonismo racional, advindo das ideias aristotélicas, destaca a busca pela felicidade como um processo intrinsecamente ligado ao desenvolvimento das faculdades intelectuais. Aristóteles argumenta que a realização plena do ser humano ocorre quando este atinge a atividade mais nobre de sua natureza, que é o exercício da razão em busca da verdade e do bem.

Na moral estoica, representada por Zenão de Cítio e outros filósofos, a ênfase recai sobre a conformidade com a razão cósmica, identificada como a ordem natural das coisas. A doutrina estoica preconiza a aceitação das circunstâncias externas e a renúncia aos desejos que causam inquietação, com o objetivo de alcançar a serenidade e a virtude. A virtude, nesse contexto, é entendida como viver de acordo com a razão, identificando-se com o bem, que é a própria razão.

A ética formal, proposta por Immanuel Kant, introduz uma perspectiva que enfatiza a intenção moral e a universalidade das máximas éticas. Kant destaca a importância da vontade boa, aquela que age pelo dever sem considerar consequências externas, sendo guiada pelo respeito à lei moral. As três máximas fundamentais da ética kantiana incluem a ideia de que as ações devem ser universais, a preservação da liberdade da vontade e a consideração de todos como fins em si mesmos.

Em conjunto, essas correntes compõem a teoria racionalista, em que a razão é vista como a bússola que orienta a busca pela felicidade virtuosa, a conformidade com a ordem natural e a ação moral fundamentada na universalidade dos princípios éticos.

8. ÉTICA NA MAGISTRATURA

Após as considerações de ética que fizemos anteriormente, entendemos que aos candidatos seja importante um contato com a temática da Deontologia Jurídica da Magistratura, ou seja, com a ética em sua faceta aplicada a uma carreira específica.

A seguir, colacionamos o texto do Código de Ética da Magistratura, que entendemos de salutar importância para o contato do candidato com o tema.

Código de Ética da Magistratura Nacional

(Aprovado na 68ª Sessão Ordinária do Conselho Nacional de Justiça, do dia 6 de agosto de 2008, nos autos do Processo nº 200820000007337)

O CONSELHO NACIONAL DE JUSTIÇA, no exercício da competência que lhe atribuíram a Constituição Federal (art. 103-B, § 4º, I e II), a Lei Orgânica da Magistratura Nacional (art. 60 da LC nº 35/79) e seu Regimento Interno (art. 19, incisos I e II);

Considerando que a adoção de Código de Ética da Magistratura é instrumento essencial para os juízes incrementarem a confiança da sociedade em sua autoridade moral;

Considerando que o Código de Ética da Magistratura traduz compromisso institucional com a excelência na prestação do serviço público de distribuir Justiça e, assim, mecanismo para fortalecer a legitimidade do Poder Judiciário;

Considerando que é fundamental para a magistratura brasileira cultivar princípios éticos, pois lhe cabe também função educativa e exemplar de cidadania em face dos demais grupos sociais;

Considerando que a Lei veda ao magistrado "procedimento incompatível com a dignidade, a honra e o decoro de suas funções" e comete-lhe o dever de "manter conduta irrepreensível na vida pública e particular" (LC nº 35/79, arts. 35, inciso VIII, e 56, inciso II); e

Considerando a necessidade de minudenciar os princípios erigidos nas aludidas normas jurídicas;

RESOLVE aprovar e editar o presente CÓDIGO DE ÉTICA DA MAGISTRATURA NACIONAL, exortando todos os juízes brasileiros à sua fiel observância.

CAPÍTULO I
DISPOSIÇÕES GERAIS

Art. 1º O exercício da magistratura exige conduta compatível com os preceitos deste Código e do Estatuto da Magistratura, norteando-se pelos princípios da independência, da imparcialidade, do conhecimento e capacitação, da cortesia, da transparência, do segredo profissional, da prudência, da diligência, da integridade profissional e pessoal, da dignidade, da honra e do decoro.

Art. 2º Ao magistrado impõe-se primar pelo respeito à Constituição da República e às leis do País, buscando o fortalecimento das instituições e a plena realização dos valores democráticos.

Art. 3º A atividade judicial deve desenvolver-se de modo a garantir e fomentar a dignidade da pessoa humana, objetivando assegurar e promover a solidariedade e a justiça na relação entre as pessoas.

CAPÍTULO II
INDEPENDÊNCIA

Art. 4º Exige-se do magistrado que seja eticamente independente e que não interfira, de qualquer modo, na atuação jurisdicional de outro colega, exceto em respeito às normas legais.

Art. 5º Impõe-se ao magistrado pautar-se no desempenho de suas atividades sem receber indevidas influências externas e estranhas à justa convicção que deve formar para a solução dos casos que lhe sejam submetidos.

Art. 6º É dever do magistrado denunciar qualquer interferência que vise a limitar sua independência.

Art. 7º A independência judicial implica que ao magistrado é vedado participar de atividade político-partidária.

CAPÍTULO III
IMPARCIALIDADE

Art. 8º O magistrado imparcial é aquele que busca nas provas a verdade dos fatos, com objetividade e fundamento, mantendo ao longo de todo o processo uma distância equivalente das partes, e evita todo o tipo de comportamento que possa refletir favoritismo, predisposição ou preconceito.

Art. 9º Ao magistrado, no desempenho de sua atividade, cumpre dispensar às partes igualdade de tratamento, vedada qualquer espécie de injustificada discriminação.

Parágrafo único. Não se considera tratamento discriminatório injustificado:

I – a audiência concedida a apenas uma das partes ou seu advogado, contanto que se assegure igual direito à parte contrária, caso seja solicitado;

II – o tratamento diferenciado resultante de lei.

CAPÍTULO IV

TRANSPARÊNCIA

Art. 10. A atuação do magistrado deve ser transparente, documentando-se seus atos, sempre que possível, mesmo quando não legalmente previsto, de modo a favorecer sua publicidade, exceto nos casos de sigilo contemplado em lei.

Art. 11. O magistrado, obedecido o segredo de justiça, tem o dever de informar ou mandar informar aos interessados acerca dos processos sob sua responsabilidade, de forma útil, compreensível e clara.

Art. 12. Cumpre ao magistrado, na sua relação com os meios de comunicação social, comportar-se de forma prudente e equitativa, e cuidar especialmente:

I – para que não sejam prejudicados direitos e interesses legítimos de partes e seus procuradores;

II – de abster-se de emitir opinião sobre processo pendente de julgamento, seu ou de outrem, ou juízo depreciativo sobre despachos, votos, sentenças ou acórdãos, de órgãos judiciais, ressalvada a crítica nos autos, doutrinária ou no exercício do magistério.

Art. 13. O magistrado deve evitar comportamentos que impliquem a busca injustificada e desmesurada por reconhecimento social, mormente a autopromoção em publicação de qualquer natureza.

Art. 14. Cumpre ao magistrado ostentar conduta positiva e de colaboração para com os órgãos de controle e de aferição de seu desempenho profissional.

CAPÍTULO V

INTEGRIDADE PESSOAL E PROFISSIONAL

Art. 15. A integridade de conduta do magistrado fora do âmbito estrito da atividade jurisdicional contribui para uma fundada confiança dos cidadãos na judicatura.

Art. 16. O magistrado deve comportar-se na vida privada de modo a dignificar a função, cônscio de que o exercício da atividade jurisdicional impõe restrições e exigências pessoais distintas das acometidas aos cidadãos em geral.

Art. 17. É dever do magistrado recusar benefícios ou vantagens de ente público, de empresa privada ou de pessoa física que possam comprometer sua independência funcional.

Art. 18. Ao magistrado é vedado usar para fins privados, sem autorização, os bens públicos ou os meios disponibilizados para o exercício de suas funções.

Art. 19. Cumpre ao magistrado adotar as medidas necessárias para evitar que possa surgir qualquer dúvida razoável sobre a legitimidade de suas receitas e de sua situação econômico-patrimonial.

CAPÍTULO VI

DILIGÊNCIA E DEDICAÇÃO

Art. 20. Cumpre ao magistrado velar para que os atos processuais se celebrem com a máxima pontualidade e para que os processos a seu cargo sejam solucionados em um prazo razoável, reprimindo toda e qualquer iniciativa dilatória ou atentatória à boa-fé processual.

Art. 21. O magistrado não deve assumir encargos ou contrair obrigações que perturbem ou impeçam o cumprimento apropriado de suas funções específicas, ressalvadas as acumulações permitidas constitucionalmente.

§ 1º O magistrado que acumular, de conformidade com a Constituição Federal, o exercício da judicatura com o magistério deve sempre priorizar a atividade judicial, dispensando-lhe efetiva disponibilidade e dedicação.

§ 2º O magistrado, no exercício do magistério, deve observar conduta adequada à sua condição de juiz, tendo em vista que, aos olhos de alunos e da sociedade, o magistério e a magistratura são indissociáveis, e faltas éticas na área do ensino refletirão necessariamente no respeito à função judicial.

CAPÍTULO VII
CORTESIA

Art. 22. O magistrado tem o dever de cortesia para com os colegas, os membros do Ministério Público, os advogados, os servidores, as partes, as testemunhas e todos quantos se relacionem com a administração da Justiça.

Parágrafo único. Impõe-se ao magistrado a utilização de linguagem escorreita, polida, respeitosa e compreensível.

Art. 23. A atividade disciplinar, de correição e de fiscalização serão exercidas sem infringência ao devido respeito e consideração pelos correicionados.

CAPÍTULO VIII
PRUDÊNCIA

Art. 24. O magistrado prudente é o que busca adotar comportamentos e decisões que sejam o resultado de juízo justificado racionalmente, após haver meditado e valorado os argumentos e contra-argumentos disponíveis, à luz do Direito aplicável.

Art. 25. Especialmente ao proferir decisões, incumbe ao magistrado atuar de forma cautelosa, atento às consequências que pode provocar.

Art. 26. O magistrado deve manter atitude aberta e paciente para receber argumentos ou críticas lançados de forma cortês e respeitosa, podendo confirmar ou retificar posições anteriormente assumidas nos processos em que atua.

CAPÍTULO IX

SIGILO PROFISSIONAL

Art. 27. O magistrado tem o dever de guardar absoluta reserva, na vida pública e privada, sobre dados ou fatos pessoais de que haja tomado conhecimento no exercício de sua atividade.

Art. 28. Aos juízes integrantes de órgãos colegiados impõe-se preservar o sigilo de votos que ainda não hajam sido proferidos e daqueles de cujo teor tomem conhecimento, eventualmente, antes do julgamento.

CAPÍTULO X

CONHECIMENTO E CAPACITAÇÃO

Art. 29. A exigência de conhecimento e de capacitação permanente dos magistrados tem como fundamento o direito dos jurisdicionados e da sociedade em geral à obtenção de um serviço de qualidade na administração de Justiça.

Art. 30. O magistrado bem formado é o que conhece o Direito vigente e desenvolveu as capacidades técnicas e as atitudes éticas adequadas para aplicá-lo corretamente.

Art. 31. A obrigação de formação contínua dos magistrados estende-se tanto às matérias especificamente jurídicas quanto no que se refere aos conhecimentos e técnicas que possam favorecer o melhor cumprimento das funções judiciais.

Art. 32. O conhecimento e a capacitação dos magistrados adquirem uma intensidade especial no que se relaciona com as matérias, as técnicas e as atitudes que levem à máxima proteção dos direitos humanos e ao desenvolvimento dos valores constitucionais.

Art. 33. O magistrado deve facilitar e promover, na medida do possível, a formação dos outros membros do órgão judicial.

Art. 34. O magistrado deve manter uma atitude de colaboração ativa em todas as atividades que conduzem à formação judicial.

Art. 35. O magistrado deve esforçar-se para contribuir com os seus conhecimentos teóricos e práticos ao melhor desenvolvimento do Direito e à administração da Justiça.

Art. 36. É dever do magistrado atuar no sentido de que a instituição de que faz parte ofereça os meios para que sua formação seja permanente.

CAPÍTULO XI

DIGNIDADE, HONRA E DECORO

Art. 37. Ao magistrado é vedado procedimento incompatível com a dignidade, a honra e o decoro de suas funções.

Art. 38. O magistrado não deve exercer atividade empresarial, exceto na condição de acionista ou cotista e desde que não exerça o controle ou gerência.

Art. 39. É atentatório à dignidade do cargo qualquer ato ou comportamento do magistrado, no exercício profissional, que implique discriminação injusta ou arbitrária de qualquer pessoa ou instituição.

CAPÍTULO XII

DISPOSIÇÕES FINAIS

Art. 40. Os preceitos do presente Código complementam os deveres funcionais dos juízes que emanam da Constituição Federal, do Estatuto da Magistratura e das demais disposições legais.

Art. 41. Os Tribunais brasileiros, por ocasião da posse de todo Juiz, entregar-lhe-ão um exemplar do Código de Ética da Magistratura Nacional, para fiel observância durante todo o tempo de exercício da judicatura.

Art. 42. Este Código entra em vigor, em todo o território nacional, na data de sua publicação, cabendo ao Conselho Nacional de Justiça promover-lhe ampla divulgação.

Brasília, 26 de agosto de 2008.

EM RESUMO:	
Ética	Em linhas gerais, a Ética pode ser considerada como o conjunto de normas pelas quais o indivíduo deve orientar suas ações.
Finalidade e racionalidade ética	O ser humano age por uma finalidade que sua razão lhe aponta como boa ou conveniente e se afasta de outra, que sua inteligência lhe aponta como má ou inconveniente.
Partes da Ética e suas distinções	A Ética se divide em três grandes partes, conforme Thomasius: a) Moral ou Ética individual; b) Direito; c) Regras do decoro.
A Ética e as leis	A lei tem por fim o bem comum, e para os filósofos da Antiguidade elas guardavam hierarquia conforme a fonte de que se originavam: divina, natural e/ou humana.
Dever, virtudes e vícios	Há uma dinâmica entre esses conceitos, tanto na vida social como na privada. O Direito, assim como a Ética, irá nos orientar quanto às virtudes e aos vícios, ora nos obstando, ora nos assentindo, ora nos punindo.
Moral pessoal e moral social	A primeira consiste em deveres éticos para consigo; a segunda, em deveres para com os grupos a que pertencemos.

A gnosiologia e as teorias éticas	Devido à relação que guarda com a gnosiologia, o conceito de Ética tem variado ao longo da História. Costuma-se dividir as concepções éticas em três categorias: a) utilitaristas; b) altruístas; c) racionalistas.

Capítulo 4

Sociologia do Direito

1. CONCEITOS PRELIMINARES

A Sociologia busca o estudo da interação e sociabilidade dos seres vivos, e, para que haja essa interação, é necessário um mínimo de sociabilidade. Nesse sentido, pode-se, de modo bastante abrangente, definir a Sociologia como *a ciência que tem por objeto estudar a interação social dos seres vivos nos diferentes níveis de organização da vida.* Tal estudo é delimitado por três orientações distintas.

A primeira considera os **fenômenos sociais** por meio de propriedades que parecem peculiares ao comportamento social humano. Essa orientação foi formulada de modos variados por grandes sociólogos do passado e da atualidade; no entanto, conduz sempre à conceituação restrita de que a Sociologia deve estudar como os fenômenos sociais se manifestam nas sociedades humanas. A segunda estuda o **comportamento animal no campo da Sociologia**, embora limitado às espécies em que a interação social chega a assumir a forma organizada. E a última a considera como uma **ciência inclusiva dos fenômenos sociais**, cabendo-lhe estudá-los em todos os níveis de manifestação da vida, independentemente do grau de diferenciação e de integração por eles alcançado.

Também é possível distinguir dois conceitos fundamentais de Sociologia sucessivos no tempo:

- **Sociologia sintética ou sistemática:** tem como objeto a totalidade dos fenômenos sociais a serem estudados em seu conjunto, em suas leis.

- **Sociologia analítica:** volta-se para o estudo delimitado dos fenômenos sociais, tendo como objeto grupos ou aspectos particulares dos fenômenos sociais, a partir dos quais são feitas generalizações oportunas. Nesse conceito, a sociologia fragmenta-se numa multiplicidade de correntes de investigação e tem certa dificuldade para reencontrar sua unidade conceitual.

Entretanto, o sociólogo brasileiro Florestan Fernandes (1920-1995) propôs uma divisão mais detalhada, definindo com maior precisão as divisões da Sociologia em suas disciplinas básicas:

- **Sociologia sistemática:** procura explicar a ordem existente nas relações dos fenômenos sociais por meio de condições, fatores e efeitos que operam em um campo não histórico.

- **Descritiva:** investiga os fenômenos sociais no plano de sua manifestação concreta. Procura apanhar os elementos e os fatores sociais nas próprias condições em que eles operam.

- **Comparada:** tem como pretensão a explicação da ordem existente nas relações dos fenômenos sociais por meio de condições, fatores e efeitos que operam em um campo supra-histórico. Todos os sistemas globais apresentam algumas afinidades estruturais e funcionais básicas com outros sistemas da mesma espécie.

- **Diferencial:** procura explicar a ordem existente nas relações dos fenômenos sociais por intermédio de condições, fatores e efeitos que operam num campo histórico. Todos os sistemas sociais globais possuem caracteres que lhes são peculiares.

- **Aplicada:** estuda as próprias condições de intervenção deliberada ou artificial nos processos sociais e seus efeitos possíveis. Isso constitui um processo sociocultural e, como tal, ela pode ser considerada em termos de alvos sociais, das condições de seu desenvolvimento e dos valores que a fundamentam cultural-mente, do suporte institucional indispensável e de suas proba-bilidades de modificar a situação numa direção desejada ou de piorá-la.

- **Geral ou teórica (metassociologia):** examina as condições de aplicação dos métodos de interpretação e natureza dos resul-tados que eles permitem alcançar. Cabem a ela, também, a sis-tematização e a unificação dos conhecimentos teóricos, desco-bertos nos vários campos da Sociologia.

- **Sociologias especiais – sociologia jurídica:** são as chamadas "sociologias especiais" a sociologia econômica, a sociologia mo-ral, a sociologia jurídica, a sociologia do conhecimento, a socio-logia política, entre outras.

Importante

O **fato social** é um conceito de grande relevância na Socio-logia. Trata-se de uma relação de adaptação (ato, combina-ção, fórmula) do indivíduo à vida social, a uma, duas ou mais coletividades (círculos sociais) de que faça parte, ou adapta-ção destas aos indivíduos, ou entre si. Para Pontes de Miranda, historicamente, esses círculos formam o clã, a família, a tribo, a nação de tribos etc. Eles também podem ser de acordo com sua extensão: a amizade, a escola, a oficina, a classe social, o Estado etc.

Importa destacar que as classes sociais constituem um dos tipos de ordenação das relações e atividades sociais em camadas sociais, bem como, de maneira mais estrita, cons-tituem uma forma de configuração das atividades e rela-ções sociais em estruturas societárias. Segundo Karl Marx (1818-1883), a quem se atribui a primeira elaboração do conceito de *classes sociais*, estas são concebidas como estruturas sociais que existem dentro de unidades sociais mais amplas, articuladas a outras estruturas do mesmo tipo. Elas representam um modo de organização típica das relações e atividades sociais.

2. OS PRECURSORES DA SOCIOLOGIA

A criação da Sociologia pode ser vista como um processo em que concorrem diversos fatores histórico-sociais e culturais. Tratando do tema sobre o desenvolvimento histórico da Sociologia, existem divergências entre os autores sobre seu nascimento. Alguns consideram que se originou do pensamento de Auguste Comte (1798-1857), em 1838, como a ciência da observação dos fenômenos sociais, em seu *Curso de Filosofia Positiva*, como estudaremos adiante. Outros acreditam que suas origens remontam à Filosofia clássica grega, chinesa ou indiana. Considerando, entretanto, que o termo Sociologia foi cunhado por Comte, ainda assim destacam-se seus precursores, que devem ao menos ser comentados.

Na Grécia Antiga, o idealista Platão (427-348 a.C.) acreditava que a organização social deve ser em ponto maior o que é o homem em ponto menor. Assim, como o homem é governado pela razão, deveria o Estado ser *governado por sábios filósofos*. Assim como o corpo, com suas paixões e instintos, segue o que é determinado pela inteligência, os *trabalhadores devem obedecer aos sábios* governantes que possuem os conhecimentos verdadeiros. Por sua vez, continuando com o pensamento grego clássico, Aristóteles (384-322 a.C.) é considerado por alguns autores como precursor da Sociologia por ter sido o revelador do que se denomina como o postulado fundamental de toda a ciência social: o homem como animal político (*zoon politikon*).

A contribuição do Oriente veio do polímata árabe Ibn Khaldun (1332-1406), que forneceu um autêntico estudo predecessor da sociologia do conhecimento como uma teoria. Em sua obra *Prolegômenos*, empreende uma interessante análise antropogeográfica evidenciando a determinação do ambiente geográfico sobre as formas de vida social. Distingue dois tipos de hábitats: o hábitat dos sedentários e o deserto, ambiente da vida nômade. Na relação desses dois grupos, Khaldun revela um interminável ciclo político que se repetiria eternamente. Os nômades, atraídos pelas planícies férteis, lutariam com os sedentários fragilizados pela civilização, tornando--se sedentários e promovendo novamente o círculo para os nômades vindouros.

O pensador renascentista Nicolau Maquiavel (1469-1527) foi o fundador da ciência política e pode ser visto como precursor da sociologia política, uma vez que analisa a sociedade para propor sua ciência política. Já no Iluminismo, o inglês Thomas Hobbes (1588-1679) deixava clara sua pretensão de encontrar nas ciências algo de firme e de constante, refutando as incertezas dos escolásticos. Em sua obra *Leviatã*, manifesta sua pretensão de cientificidade, iniciando sua análise com base no homem. Se o Leviatã é o homem artificial, construído por todos, portanto, parte sua é cada um dos homens que o compõem. Na inclinação desses pensamentos é que Comte disse que Hobbes assinalou os primeiros germens tão mal conhecidos da verdadeira ciência social. Enquanto o holandês Baruch Spinoza (1632-1677) forneceu importantes pontos especulativos para a Sociologia, por meio de uma análise da variação das combinações de forças qualitativamente diversas que constituem a trama de vários tipos de sociedades-estado.

Entretanto, Charles Secondat de La Brède, o Barão de Montesquieu (1689-1755), é o autor que tem a maior repercussão e influência no pensamento que instaura a função da Sociologia. A proposta de Montesquieu é compreender a diversidade das instituições sociais e históricas, sendo muito prudente quando se trata de passar da ciência — cuja função é compreender — para a política — cuja função é ordenar ou aconselhar. Tudo isso, em conjunto com a orientação sociológica explicitada em sua obra *O espírito das leis,* coloca seu pensamento como ponto de entrada revelador de certas consonâncias sociológicas bastante modernas.

Posterior a Montesquieu, Jean-Jacques Rousseau (1712-1778) foi um dos pioneiros da Sociologia, de acordo com Émile Durkheim (2008). Em sua obra *O discurso sobre a origem da desigualdade entre os homens,* Rousseau discorre sobre a origem da desigualdade e da sociedade, o que mostra sua preocupação em propor uma ciência sociológica.

> **Importante**
>
> Guiados por seu rigoroso racionalismo e tratando por meio do contrato e da obrigação de integrar as forças individuais numa força coletiva, os adeptos do chamado **contratualismo** — Thomas Hobbes, John Locke e Rousseau —, de modo geral, evitaram as consequências do naturalismo e do atomismo que os ameaçavam levar a um individualismo extremo. Eles eram partidários de um direito natural individualista e, depois de terem transformado a sociedade identificada com o Estado em um indivíduo que se projeta fora da totalidade concreta de seus membros, chegam a doutrinas políticas opostas: reconhecidamente, à doutrina absolutista de Hobbes e à democrática-liberal de Spinoza, baseadas em suas metafísicas dogmáticas.

3. OS FUNDADORES DA SOCIOLOGIA

No século XIX, Auguste Comte, Herbert Spencer e Karl Marx emergiram como figuras proeminentes que moldaram e influenciaram significativamente os estudos sociológicos. Cada um desses pensadores desempenhou um papel crucial na formação e desenvolvimento da Sociologia, contribuindo com ideias distintas que refletiam as complexidades da sociedade industrial emergente. Auguste Comte, frequentemente considerado o fundador da Sociologia, introduziu o conceito de positivismo e enfatizou a importância da observação e análise sistemática para compreender a sociedade. Por outro lado, Herbert Spencer destacou a ideia de evolução social e aplicou princípios darwinianos à sociedade, sugerindo que ela evolui de maneira semelhante à biologia. Enquanto isso, Karl Marx concentrou-se nas dinâmicas de classe, apresentando uma análise crítica das relações de produção e propondo a teoria do materialismo histórico.

Cada um desses pensadores ofereceu uma perspectiva única, refletindo as preocupações e os desafios de sua época, e suas contribuições continuam a ser fundamentais para o entendimento das bases teóricas da sociologia contemporânea, como veremos a seguir.

3.1 Augusto Comte

Para Comte, a ordem era a base do progresso social, apesar de visualizar somente o caos e a anarquia, por isso ele abominava tanto a revolução quanto a democracia. Criador da própria palavra sociologia, empreendeu a primeira tentativa sistemática da caracterização do objeto, dos métodos e dos problemas fundamentais da Sociologia em sua obra *Filosofia positiva*, sendo, portanto, conhecido como um positivista.

Existem alguns equívocos ao se classificar o positivismo comteano no Direito e na Sociologia jurídica. Afirmamos isso porque alguns confundem o positivismo comteano com o positivismo jurídico, que tem como grande expoente Hans Kelsen. O positivismo jurídico é uma doutrina do Direito que considera que somente é Direito aquilo que é posto pelo Estado, sendo, então, esse o objeto que deve ser definido e cujos esforços sejam voltados à reflexão sobre a sua interpretação.

> **Importante**
>
> O positivismo comteano consiste na observação científica da realidade, cujo conhecimento viabilizaria o estabelecimento de leis universais para
>
> o progresso da sociedade e dos indivíduos. Esse processo estaria dividido em estágios inferiores — fase teológica e fase metafísica — até alcançar um nível superior — a fase positivista.

Quadro 1. Contribuições × críticas ao pensamento de Comte para o estudo da Sociologia.

Contribuições	Críticas*
Determinação do lugar exato da Sociologia entre as outras ciências sociais.	Identificação da Sociologia com a "filosofia positiva" que, sob a influência do cientificismo, esconde uma metafísica dogmática de inspiração teológica.
Destaque ao caráter irredutível da realidade social e vinculação dessa irredutibilidade à concepção de sociedade como totalidade real e concreta.	A elevação da Sociologia ao lugar de primeira filosofia se transforma em sociolatria, sendo que primeiro dá-se como sociocracia, até alcançar, finalmente, a sociolatria, projetando-se, em parte, para a política e a moral e, em parte, para a religião.

Contribuições	Críticas*
Enriquecimento da Sociologia com a utilização de pesquisas a historiadores e etnógrafos, considerando que a Sociologia poderia ajudá-los e até mesmo guiá-los.	O fato de Comte ter sido um pensador essencialmente antidialético dificultou que desse cabo dos problemas que levantava. Isso se dá ao comprovar que o objeto da Sociologia se pauta na relação sujeito-objeto.
Crítica bem-sucedida ao individualismo e ao nominalismo sociais.	
Resistência ao naturalismo sociológico, não obstante seu cientificismo monista, evidenciando a irredutibilidade da Sociologia às ciências naturais.	

* As críticas foram tecidas pelo sociólogo Georges Gurvitch (1894-1965).

3.2 Herbert Spencer

Por ser filósofo, biólogo e antropólogo, o inglês Herbert Spencer (1820-1903) se aproxima daquilo que se conceitua como biologismo sociológico, partindo da definição da sociedade como um organismo. Ele assimilava a organização e o funcionamento das sociedades à organização e ao funcionamento do organismo, com o propósito de descobrir os elementos e os mecanismos básicos da vida social. O organicismo de Spencer é importante, pois favoreceu a descoberta de conceitos unitários de descrição de fenômenos sociais, a exploração mais frequente de materiais empíricos e uma atitude objetiva diante daqueles fenômenos ou das possibilidades da Sociologia.

Spencer propôs um monismo continuísta e naturalista, que suprimia as diferenças entre as ciências naturais e as ciências do homem, por isso pode ser considerado o primeiro representante de uma sociologia de tendência naturalista. Além disso, foi também um dos primeiros a tratar sobre os "tipos sociais", recorrendo ao conceito de instituições, como instituição da família, instituições domésticas e instituições políticas. Desse modo, amplia largamente os materiais etnográficos e os procedimentos comparativos na Sociologia.

> **Importante**
>
> Antecessor a Spencer, o engenheiro e professor Pierre-Guillaume-Frédéric Le Play (1806-1884), na França, se tornou um investigador independente dentro do quadro da fundação sociológica, pois, justamente no período de consolidação da disciplina, buscou correlações entre os tipos de família — instituição que considerava como a célula primordial da sociedade. Sua contribuição para a fundação da Sociologia resta estruturada de maneira singular no desenvolvimento da investigação empírica desse campo de conhecimento.

3.3 Karl Marx

Inspirado em Saint-Simon (1760-1825), Proudhon (1809-1865) e Feuerbach (1804-1872), o sociólogo alemão Karl Marx (1818-1883) tem um papel marcante no estabelecimento definitivo da ciência social. É possível dizer que sua sociologia é muito mais potente do que a de seus antecessores.

Evidentemente, um dos aspectos fundamentais de seu pensamento baseia-se na Sociologia com a integração das manifestações parciais da realidade social em "quadros totais", cuja explicação busca nos confins da história e da análise estrutural. Desse modo, sua dialética era apenas um meio para se chegar a uma sociologia não dogmática.

A originalidade do pensamento de Marx consiste no fato de que ele desenvolve, pela primeira vez, uma sociologia econômica que se opõe à economia clássica, integrando a atividade econômica no fenômeno total da sociedade. É a sociologia econômica, portanto, que recebe a maior parte de sua atenção.

Alcança um estudo muito completo e matizado da sociologia das classes sociais, evidenciando o processo da produção, da circulação e da distribuição das riquezas e os antagonismos sociais que se manifestam na luta pelo poder político.

Enfaticamente, eleva a Sociologia a um lugar de destaque com seus estudos sobre sociologia econômica, sociologia das revoluções e mesmo sociologia do conhecimento.

Para Marx, a estrutura de qualquer sociedade é constituída por dois níveis:

- **Infraestrutura:** composta pela base econômica de uma sociedade, ou seja, pela unidade das forças produtivas e das relações de produção.
- **Superestrutura:** formada por dois níveis:
  - O nível jurídico: composto pelo Direito e pelo Estado;
  - O nível ideológico: constituído por diferentes ideologias religiosas, morais, jurídicas, políticas etc.

Metaforicamente, como cita o próprio Marx, essas estruturas funcionam como um edifício, em que a base econômica de uma sociedade fundamenta e determina os outros andares que a compõem, sendo os andares a superestrutura. Com isso, a infraestrutura seria a base que determina toda a estrutura social; esta suporta e constitui a superestrutura.

4. A RELAÇÃO ENTRE SOCIOLOGIA E FILOSOFIA

A Sociologia, em seus primórdios, estava intrinsecamente ligada à Filosofia, uma vez que ambas as disciplinas compartilhavam o interesse em compreender a natureza da sociedade e do ser humano. No século XIX, quando a Sociologia começou a se destacar como uma disciplina distinta, era comum encontrar pensadores sociais que também eram filósofos. Auguste Comte, por exemplo, inicialmente formulou suas ideias sociológicas dentro de um contexto filosófico, propondo o positivismo como uma abordagem sistemática para estudar a sociedade. No entanto, à medida que a Sociologia amadurecia, os estudiosos começaram a reconhecer a necessidade de métodos mais empíricos e científicos para analisar a sociedade. Esse reconhecimento marcou o início do processo de separação entre a Sociologia e a Filosofia, à medida que os sociólogos buscavam abordagens mais objetivas, baseadas em dados e observações, para entender os fenômenos sociais. Assim, a Sociologia evoluiu de uma disciplina inicialmente enraizada na reflexão filosófica para uma ciência social que busca investigar e explicar empiricamente os padrões e as estruturas da sociedade.

Um dos primeiros esforços para libertar a Sociologia da união com a Filosofia iniciou-se com a exploração da busca do "fator determinante" na vida social. Assim, a partir de diferentes perspectivas, no período entre os séculos XIX e XX, grandes teóricos modernos constituíram as escolas geográfica, biológica, tecnológica e psicológica.

No que diz respeito à escola psicológica, em 1915, Vilfredo Pareto (1848-1923) e Gustave Le Bon (1841-1931) insistem na natureza científica (empírica) da Sociologia, sendo participantes ativos e fundadores da **sociologia psicológica**. Pareto lança sua obra *Tratado geral da Sociologia*, que não só reforça o argumento científico como difunde profundas críticas a respeito do pseudocientificismo de Comte e de Spencer. Seu argumento é de que devem ser evitadas essas armadilhas não científicas. Sua maior contribuição para a teoria sociológica é a concepção da sociedade como um sistema em equilíbrio.

Entretanto, Émile Durkheim (1858-1917) afastou o pressuposto fundamental da sociologia sistemática de que a sociedade constitui um todo ou um sistema orgânico. Paralelamente, insistiu no caráter exterior do objeto da ciência social. O esforço mais promissor, tendente a uma união entre teoria sociológica e investigação empírica, encontra-se no pensamento de Durkheim. Em sua primeira obra, *A divisão do trabalho social* (1893), distingue a divisão do trabalho técnico e a divisão de trabalho social, evidenciando que o desenvolvimento do trabalho social conduzia a preponderância da solidariedade orgânica sobre a solidariedade mecânica, o que se verificaria pela crescente multiplicação de grupos particulares, expansão paralela do Estado e do contrato, e limitação progressiva do direito repressivo pelo direito de restituição.

Importante

Durkheim, com sua teoria, beira as bases de uma Sociologia do Direito, posto que as diferentes espécies de direito são, para ele, os símbolos mais visíveis das solidariedades. Nesse sentido, dois autores importantes que continuam o desenvolvimento desse pensamento de Durkheim, em parte até superando-o, são Marcel Mauss (1872-1950), seu sobrinho, e Henri Lévy-Bruhl (1884-1964). Ambos retomam as investigações empíricas socioantropológicas e deslocam o plano investigativo da sociologia para um trabalho mais útil e de profundo interesse para o estudo do Direito.

Cabe ao alemão Max Weber (1864-1920) o mérito de ter sido o primeiro a distinguir a Sociologia das demais ciências antropológicas. Ele identificou o objeto da Sociologia na uniformidade da atitude humana que, dotada de sentido, é acessível à compreensão. A segunda conquista relevante de Weber é a nítida separação que pretendeu estabelecer entre a investigação empírica ou lógica e as avaliações práticas ou éticas, políticas e metafísicas.

Por fim, em terceiro lugar, na obra de Weber encontra-se a exigência da investigação empírica particular, a única que pode determinar as uniformidades de atitudes que constituem o objeto da Sociologia. Esses três pontos do pensamento weberiano permaneceram no desenvolvimento da sociologia contemporânea, que apresenta, com motivação, a continuidade da pesquisa empírica particular e a formulação de técnicas adequadas de observação.

5. SOCIOLOGIA *DO* OU *NO* DIREITO? O DIREITO COMO CIÊNCIA SOCIAL

A Sociologia *do* ou *no* Direito é uma das "sociologias especiais" que se desenvolveram modernamente. Seu aparecimento é bem recente na história da cultura, sendo, com maior efetividade, formada e desenvolvida nos fins do século XIX, quando o divórcio entre Sociologia e Direito (principalmente feito por Comte) começou a ser superado.

A sociologia jurídica, *que não é senão a sociologia mesma*, que tem por objeto o estudo da experiência jurídica, mostra-nos como os homens se comportam em confronto com as regras de Direito. Ela é a *ciência compreensiva* da experiência jurídica, enquanto a ciência jurídica é a *ciência compreensivo-normativa* dessa mesma experiência. Desenvolve-se com o estudo da conduta jurídica enquanto conduta social.

A Sociologia jurídica ou Sociologia do Direito é a disciplina científica que investiga, por meio de métodos e técnicas de pesquisa empírica, o fenômeno social jurídico em correlação com a realidade social (SOUTO; SOUTO, 1997, p. 36). Para José de Oliveira Ascensão (2001, p. 109), há três pontos fundamentais para se orientar as possibilidades da sociologia jurídica:

a) a própria relação entre a ordem jurídica e a estrutura social global pode ser vista de vários ângulos. O sociólogo não tem de se limitar no presente, devendo procurar as regras de evolução por meio do exame de sistemas históricos. Ele também não se limita a um sistema dado, como faz o cientista do Direito; assim, tem a tendência para comparar situações emergentes em ordens jurídicas diversas;

b) o sociólogo indaga sobre as maneiras como o direito se manifesta e se contrapõe, necessariamente, à formação espontânea e à formação intencional;

c) o sociólogo indaga os pressupostos das próprias doutrinas jurídicas, dos próprios instrumentais técnicos com que trabalha a ciência jurídica, verificando também aí regularidades, formas de justificação em condições sociais dadas e até motivações.

Portanto, é dito que a sociologia jurídica é a Sociologia do Direito, pois esta ocupa-se do relacionamento entre direito e sociedade, explorando cientificamente a própria relação, ou seja, como um conhecimento rigorosamente comprovável por métodos e técnicas de pesquisa. Nisso reside sua importância, pois o Direito, enquanto fenômeno social, encontra na sociologia jurídica possibilidades de controle e de mudanças sociais. A partir daí podemos inferir que o Direito é um fenômeno social. Essa constatação é inegável entre os estudiosos. Assim, se é evidente que o direito é um fenômeno social, devemos examinar de qual tipo. Analisaremos a seguir algumas posições.

Pode-se afirmar que, aparentemente, o Direito possui o caráter de regulador das relações humanas. O surgimento das normas jurídicas, evidentemente, está ligado à ideia de que o homem é um ser social, e que se impõem, para sua convivência com os outros, limitações de sua conduta, interagindo de distintas formas com ações no meio social em que vive (NERY, 2008, p. 36).

Importante

Pode-se afirmar que o fenômeno jurídico, como regra de conduta social que se mostra, apresenta dois conteúdos muito importantes que, inclusive, delimitam, de certo modo, o campo de atuação da sociologia jurídica: a *norma* e a *conduta jurídica*. A norma formada juridicamente refere-se a um conteúdo importante da capacidade científica do Direito. A norma jurídica regula a conduta humana que, determinada por ela, pode ser considerada uma conduta jurídica.

Nesse ambiente argumentativo, inserem-se, evidentemente, a questão entre as normas ou regras de conduta social gerais, éticas, que, de maneira tradicional, são consideradas como morais, bem como o conteúdo e o efeito específico das normas jurídicas. Indiferentemente da perspectiva a ser considerada, norma e conduta jurídica implicam-se, pois esta última é sempre normatizada e, aquela, sempre referente à conduta social, a que ela atribui natureza jurídica.

Nesse sentido, alguns autores definiram tarefas da Sociologia do Direito visando atender a uma variedade de objetivos e com o propósito de desvelar as complexas conexões entre a ordem legal e a ordem social, promovendo uma compreensão mais profunda dos impactos recíprocos entre a lei e a sociedade em constante transformação.

De acordo com o sociólogo e jurista Georges Gurvitch (1948), **são cinco as tarefas da Sociologia do Direito**:

1. Assinalar os gêneros, os ordenamentos, os sistemas de direito, que funcionam em quadros sociais precisos, e colocá-los, assim como as suas formas, em correlações funcionais com esses quadros.

2. Estudar as variações da importância do Direito na hierarquia das regulamentações sociais e das obras da civilização.

3. Estudar a variação das técnicas de sistematização do Direito em função dos tipos sociais globais, ao que se poderia agregar a investigação em perspectiva sociológica das doutrinas e das teorias

do Direito, algumas das quais poderiam se revelar como sublimações de situações de fato, como ideologias jurídicas.

4. Estudar o papel variável dos grupos de juristas na vida do Direito com relação à da sociedade, das classes sociais, do Estado, da Igreja, de empresas econômicas, dos sindicatos etc.

5. Estudo geneticamente as **regulares tendências** no desenvolvimento do Direito, assim como de seus fatores, as quais se classificam como:

   a) tendências da transformação do sistema de direito em vigor no interior da sociedade global ou das estruturas parciais;

   b) tendências da conjunção com a da separação das demais regulamentações sociais;

   c) tendências do aumento ou da diminuição da importância do Direito e de sua eficácia ou de sua não eficácia.

Os fatores dessas tendências deveriam ser buscados na base morfológica, nas atividades econômicas e técnicas, na moralidade, no conhecimento, na religião, na psicologia coletiva.

A proposta dos autores Cláudio Couto e Solange Souto (1997, p. 39-40) é de que as tarefas da sociologia jurídica podem ser classificadas em *gerais* e *aplicadas*, que podem ser mais bem visualizadas por meio do Quadro 2.

Quadro 2. Comparativo entre as tarefas gerais e aplicadas, segundo Souto e Souto (1997).

Tarefas gerais	Tarefas aplicadas
Estudos que indagam sobre a composição social do Direito, suas espécies como fato social, a justiça e a equidade como fenômenos empíricos, bem como aquelas indagações genéricas sobre:	Investigações sobre: 1) a mudança social, quer das técnicas relativas às formas coercíveis, quer do papel de seus técnicos, os juristas práticos;

Tarefas gerais	Tarefas aplicadas
	2) as tendências de transformação, ora dos sistemas vigentes de conteúdo normativo de formas coercíveis,
1) Direito e formas coercíveis – como lei, decisão judicial, costume etc.; 2) Direito e outras formas de controle social; 3) Direito e mudança social; 4) Direito e realidade social.	ora do conteúdo normativo de certas formas coercíveis específicas em vigor; 3) as tendências para eficácia ou ineficácia social do conteúdo normativo desses sistemas ou dessas formas coercíveis vigentes; 4) a investigação de tendências para eficácia ou ineficácia social do conteúdo normativo de formas coercíveis em projeto (por exemplo, projetos de lei); 5) o estudo das tendências para eficácia ou ineficácia social de formas coercíveis específicas em si mesmas (por exemplo, do costume em si mesmo), ou das tendências à sua transformação, abstraindo-se seu conteúdo normativo.

Já na visão de Recaséns Siches (1969, p. 695-701), em vez da nomenclatura "tarefas", há espécies de **necessidades sociais** que o Direito procura satisfazer:

- resolução dos conflitos de interesses;
- organização do poder político;

- legitimação do poder político;
- limitação do poder político.

Em síntese, pode-se inferir que o Direito que vige, em determinado momento, é o resultado de um complexo de fatores sociais; por outro lado, o Direito que do ponto de vista sociológico é um tipo de fato social atua como uma força configuradora das condutas, seja modelando-as, seja nelas intervindo como auxiliar ou alavanca, seja preocupando o sujeito agente de qualquer outro modo.

6. ALGUMAS SUBDIVISÕES DA SOCIOLOGIA DO DIREITO

As subdivisões na Sociologia do Direito, como a Microssociologia do Direito ou Sociologia Sistemática do Direito, a Sociologia Diferencial do Direito, a Sociologia Genética do Direito e o Sociologismo Jurídico, surgem como resposta à necessidade de uma abordagem mais específica e detalhada na compreensão das relações entre o sistema jurídico e a sociedade. A Microssociologia do Direito se volta para a análise detalhada das interações sociais no contexto legal, buscando compreender como as pessoas, os grupos e as instituições interpretam e aplicam o Direito em situações cotidianas. A Sociologia Diferencial do Direito explora as disparidades nas experiências e percepções legais entre diferentes grupos sociais, considerando fatores como classe, gênero e raça. A Sociologia Genética do Direito investiga a evolução histórica das normas e instituições jurídicas, enquanto o Sociologismo Jurídico procura entender como as estruturas sociais influenciam e são influenciadas pelo sistema jurídico. Cada subdivisão oferece uma perspectiva única e especializada, contribuindo para uma compreensão mais abrangente e detalhada das complexas interações entre o Direito e a sociedade, conforme veremos a seguir.

6.1 Microssociologia do Direito ou Sociologia Sistemática do Direito

Nessa divisão, encontramos o estudo das relações das formas de sociabilidade por interpenetração de massa (*masa*), comunidade (*comunidad*) e comunhão (*comunión*) com os fenômenos geradores do direito social, e das formas de sociabilidade por interdependência (relações de aproximação, de afastamento ou mistas) com os fenômenos originários do direito interindividual, bem como o estudo dos planos de profundidade do Direito.

Essa análise contribui para a compreensão da tensão formadora do direito nas relações humanas, bem como a sua maneira de ser encarado e organizado. Desse modo, pode-se apresentar, com base na interpretação de Machado Neto, o seguinte quadro dos diferentes níveis do jurídico:

- **Direito organizado e prefixado:** leis, estatutos etc.
- **Direito organizado flexível:** Direito discricionário da administração.
- **Direito organizado intuitivo:** reconhecimento pelas partes do direito organizado sem fazer recurso ao procedimento técnico-formal dos tribunais.
- **Direito espontâneo prefixado:** Direito consuetudinário.
- **Direito espontâneo flexível:** *standards* ou diretrizes da jurisprudência anglo-saxônica.
- **Direito espontâneo intuitivo:** valorações sociais que não encontraram ainda positivação.

6.2 Sociologia Diferencial do Direito

Cabe a essa sociologia estudar a tipologia dos grupos particulares. Tem-se, conforme Gurvitch, uma sociologia jurídica das sociedades totais ou globais, em que se estudam as condições jurídicas de cada uma das seguintes formas societárias genéricas ou totais:

a) sociedades polissegmentárias, que têm uma base mágico-religiosa;

b) sociedades com homogeneidade baseada no princípio teocrá-tico-carismático;

c) sociedades com homogeneidade baseada no predomínio do grupo doméstico-político;

d) sociedades feudais baseadas na predominância da Igreja;

e) sociedades unidas pela predominância da cidade e do Império;

f) sociedades unidas pela preeminência do Estado territorial e autonomia da vontade individual;

g) sociedades contemporâneas em que os grupos de atividade econômica e o Estado territorial estão lutando por um novo equilíbrio.

Corresponde a cada um desses tipos de sociedade global determinado sistema jurídico caracterizado pelas notas específicas do hábitat social que lhe deu origem.

6.3 Sociologia Genética do Direito

Consiste no estudo do Direito enquanto fenômeno sociológico. Aqui, Gurvitch estuda, de maneira pontual, as relações de interinfluência que se estabelecem entre o Direito e outros segmentos, como a economia, a religião, a moral, o conhecimento, a psicologia coletiva e a base ecológica da sociedade.

6.4 A proposta de Recaséns Siches

Em seus estudos, o guatemalteco Luís Pedro Alejandro Recaséns Siches (1903-1977) entende que são dois os aportes teóricos básicos da sociologia jurídica:

a) o Direito que, em determinado momento, constitui o resultado de um complexo de fatores sociais;

b) o Direito que, de um ponto de vista sociológico, é um tipo de fato social, atua como uma força configuradora das condutas, modelando-as e nelas intervindo de modo auxiliar ou principal, ou se preocupando de qualquer outra maneira com o sujeito agente.

6.5 O sociologismo jurídico de Léon Duguit

O jurista francês Léon Duguit (1859-1928) reduz o Direito a um simples capítulo da Sociologia. O Direito é identificado completamente com o fato social. A preocupação da sociologia jurídica não é a de tomar o lugar da Filosofia do Direito, mas de determinar as condições objetivas que favorecem ou impedem a disciplina jurídica dos comportamentos.

Apesar de, às vezes, encontrarmos os termos como sinônimos, deve-se ter bem clara a distinção existente entre sociologia jurídica e sociologismo jurídico. De modo algum os termos têm sentido sinônimo, sendo o sociologismo um conceito bastante específico que abarca tratativas extremas de redução do Direito como um capítulo da Sociologia. Eles se apresentam em contraposição, sendo completamente errado o seu uso indiscriminado.

7. A SOCIOLOGIA JURÍDICA NA FRANÇA

Além de Auguste Comte, a França foi o berço de muitos outros estudiosos da sociologia jurídica. Vamos abordar com mais detalhes alguns dos que foram expoentes dos séculos XIX e XX.

7.1 Émile Durkheim

Anteriormente mencionado, Durkheim pode ser considerado como o fundador da sociologia jurídica. Determinou, a partir de seus estudos, as diretrizes que o pensamento sobre a Sociologia seguiriam, com sua crítica à sociologia positivista e naturalista que impregnava o pensamento sobre o fenômeno jurídico. Seu pensamento assenta-se na indagação sociológica do Direito. Em sua obra *A divisão do trabalho social,* encontra-se um bom resumo de suas concepções sociojurídicas fundamentais.

Durkheim estabelece os fundamentos da sociologia jurídica, colocando-se contra as ideias predominantes vigentes no fim do século XIX com relação a propostas estatizantes dos juristas. Isso o levou a criticar, de modo original, a classificação, ainda atual no meio jurídico, de direito público e de direito privado baseada no Estado. Ele se coloca além da ótica que centraliza a noção de Estado para explicar tais conceitos jurídicos, alertando que nem sempre existiu o Estado e que seu papel varia nas sociedades.

Além disso, para o pensador, existem dois tipos de sanções: as repressivas, correspondentes à "solidariedade mecânica" ou "por semelhança", próprias do Direito Penal; e as restitutivas, correspondentes à "solidariedade orgânica" ou por "dissemelhança", próprias do Direito Civil, Comercial, Processual, Administrativo e Constitucional, com a abstração das regras penais que se possam nelas encontrar.

Outra distinção feita por Durkheim foi entre o direito coletivo relativo à religião e o direito individual relativo à magia, que tornava possível a iniciativa individual. Nesse caso, sua teoria ainda se liga à ideia de sanção de modo diferenciado, pois está relacionada com a força do princípio da retribuição que predominava nessas comunidades. Nesse sentido, Durkheim trata da gênese do Direito. Tanto é que observa que tal classificação de direito coletivo e direito individual não é aplicável às sociedades modernas.

Críticas ao pensamento de Durkheim: Seus críticos afirmam que ele não consegue delimitar satisfatoriamente o domínio específico do Direito, não o classificando a contento. Para ele, Direito são regras de sanções organizadas (SOUTO, 1971, p. 37). A definição de Durkheim parte de um pressuposto que imediatamente vincula sua visão sobre o Direito, fazendo com que ela se estruture de modo falseado. As sanções jurídicas, na verdade, precisam da preexistência do Direito, que lhes atribui natureza jurídica. Portanto, pode-se afirmar que a definição de Durkheim se assenta em um elemento que não constitui de modo substancial o Direito, apenas instrumental, o que faz com que se possa identificar laços com o pensamento jurídico positivista de sua época.

7.2   Léon Duguit

Em Duguit, o Direito apresenta-se como simples componente dos fenômenos sociais e suscetíveis de serem estudados segundo nexos de causalidade não diversos dos que ordenam os fatos do mundo físico. Em outras palavras, o Direito é exclusivo do *fato social*.

Naturalista social, ele contribuiu muito para convencer juristas de que o Direito é uma força social e que o princípio da solidariedade do Direito deve ser levado em conta tanto pelo legislador como pelo intérprete da lei. Buscava não apenas dizer que "todo o direito é social", mas também tirar as consequências desse princípio no plano dogmático, superando as alegações de um individualismo insustentável.

Crítica ao pensamento de Duguit: Não há, inegavelmente, fenômeno jurídico que não se desenvolva em certa condicionalidade histórico-social, no entanto, critica-se esse pensamento no sentido de acreditar que somente o fato social determina o direito.

> **Importante**
>
> Duguit concorda com Durkheim, aceitando seu plano metodológico, ou seja, acredita que os fatos sociais devem ser estudados da maneira mais objetiva possível.
>
> Também encontradas no pensamento de Durkheim, Duguit acredita que existem dois tipos de solidariedades na sociedade:

a mecânica e a orgânica (ver Quadro 3). A solidariedade mecânica estabelece-se quando duas ou mais pessoas, tendendo a um mesmo fim, praticam a mesma série de atos. Manifesta-se, primordialmente, no Direito Penal; caso tal solidariedade não seja observada, haverá uma reprovação social e, consequentemente, uma sanção repressiva. Já a solidariedade orgânica dá-se quando indivíduos se unem para realizar determinado fim ou atingir uma meta. Unem-se, praticando atos distintos e complementares. No Direito, manifesta-se de maneira contratual, cujo objetivo é a restauração ou manutenção da situação jurídica, tendo como sanção a restituição.

Quadro 3. Características das solidariedades mecânica e orgânica.

Solidarie-dade	Vínculo	Direito	Tipo de sanção	Objetivo da sanção
Mecânica	Semelhança	Penal	Repressiva	Reprovação
Orgânica	Diferenciação	Contratual (público/ privado)	Restitutiva	Restauração

Fonte: Sabadel (2008, p. 49).

Com esses tipos de solidariedade, podemos perceber que os homens não se bastam a si, precisando interagir. A atividade particular de cada homem deve se harmonizar com as atividades de todos os outros, daí resultando o estabelecimento de uma divisão geral do trabalho, que é o fato fundamental da sociedade, segundo Duguit. Desse modo, podemos dizer que a solidariedade e a consequente consciência coletiva não se dão de cima para baixo, mas sim de baixo para cima. Quanto às diferenças, Duguit não aceita a ideia de uma "consciência coletiva" superior e independente das consciências individuais e irredutíveis a ela. Para ele, tal ideia é "metafísica", pois não existe sociedade senão de indivíduos com carne e osso.

7.3 Henri Lévy-Bruhl

Inspirado pelo pensamento de Durkheim, Lévy-Bruhl entende o Direito numa ampla perspectiva sociológica. Afirma que, para Durkheim, o Direito é, antes de tudo, um fenômeno social, o que o faz propor a seguinte definição em sua obra *Sociologia do Direito*: "O Direito é o conjunto de normas obrigatórias que determinam as relações sociais impostas, em todo momento, pelo grupo ao qual pertence".

Dessa definição, o autor extrai três elementos que merecem destaque e que identificam seu pensamento sociológico sobre o Direito: a) trata-se de normas obrigatórias; b) essas normas são impostas pelo grupo social; c) essas normas modificam-se incessantemente.

7.4 Marcel Mauss

Sobrinho de Durkheim, Mauss aprofunda os estudos sociológicos e antropológicos da primeira metade do século XX, investigando as comunidades primitivas e identificando nelas o que vem a ser designado como sua famosa tríplice obrigação. Em seu *Ensaio sobre o dom* (*Essai sur le don*), de 1924, Mauss defende a ideia de que a organização das sociedades arcaicas, primitivas, era regida por sistemas sociais-totais estruturados sobre uma regra social primordial, desenvolvida a partir da mentalidade primitiva do princípio da retribuição: a sua famosa tríplice obrigação de dar, receber e retribuir. Em síntese, os estudos de Mauss, junto de sua abordagem sobre a magia, a religião e o sacrifício, promovem e identificam importantes estudos sobre a Sociologia do Direito.

7.5 Georges Gurvitch

Russo radicado na França, Gurvitch considerava a estrutura social como um processo de transformação permanente. Tomando os fatos sociais em sua totalidade, pretendeu traçar um quadro de observação operacional e concreto. A responsabilidade de Gurvitch para o pensamento sociológico do Direito foi ter enfatizado a variabilidade e a pluralidade fundamental da vida do direito.

7.6   Sociólogos franceses contemporâneos

De modo contínuo, pode-se dizer que a temática da sociologia jurídica na França, após o profundo campo investigativo que ela fomentou, recebe importante abordagem de modo recente nos estudos do professor Jean Carbonnier (1908-2003) com o livro publicado em 1969 dedicado à matéria, *Direito flexível,* que se segue também com a obra *Sociologia do Direito*. Seguidos de Carbonnier, também são importantes os esforços de K. Stoyanovitch, André-Jean Arnaud e Jacques Commaille, pelas recentes pesquisas proferidas e que avançam de modo singular no estudo da matéria.

8.   A SOCIOLOGIA JURÍDICA NA ALEMANHA

Assim como a França, a Alemanha viu nascer importantes estudiosos da sociologia jurídica. Franz Wieacker (2004) nota que, diretamente das ciências sociais, surge a Sociologia do Direito, para a qual a Alemanha contribuiu, a partir da viragem do século, com os nomes importantes de Ehrlich e, sobretudo, Max Weber. Wieacker reconhece também sua destruição na Alemanha pela ideologia nacional-socialista, e assim teve seu cultivo, nesse período, principalmente na França, na Escandinávia e nos Estados Unidos.

Para Wieacker (2004, p. 662-663), uma sociologia do Direito renovada se transformará no centro da explicação científica das condições do Direito, podendo coordenar os resultados da história do Direito e da ciência do direito comparado.

Uma abordagem mais precisa e completa sobre o desenvolvimento do pensamento sociológico jurídico alemão se encontra na obra de Cláudio Souto e Solange Souto, *Sociologia do direito: uma visão substantiva* (1997, p. 79-80).

8.1 Max Weber

Weber projeta seu pensamento sobre a sociologia jurídica, tratando sobre o tema em sua conhecida obra *Economia e sociedade*. A sociologia jurídica de Weber tem como ponto inicial a oposição existente entre o caráter místico-irracional e o caráter racional, que envolve a criação ou a descoberta do direito existente, bem como os elementos formais e materiais que o compõem. Nesse sentido, Weber alcança o conteúdo mágico-religioso que permeia o conteúdo do Direito.

Em Weber, o Direito é *uma obra formal ou dogmático-técnica dos juristas*, atuando com finalidades práticas, sendo, assim, obra de um formalismo especial e racional gerador de fórmulas de alta generalização aplicáveis a uma quantidade inumerável de casos. Por exemplo, a regra do *non bis in idem* (ninguém poderá ser responsabilizado mais de uma vez pelo mesmo fato) dos romanos. Trata-se de uma fórmula de alta generalização que se aplica a inúmeros casos, como no Direito Penal e no Direito Tributário. Além disso, ele entende o Direito como um conjunto de regras que possui uma probabilidade de efetivação pela força, seja física ou psicológica, e não necessariamente estatal.

Weber percebe a Sociologia do Direito em função de um formalismo lógico-dedutivo e técnico-formalista dos juristas, o que empobrece a potência de sua ideia sobre a racionalidade jurídica, uma vez que acaba se assentando nesses dois pressupostos fundantes em sua análise sociológica jurídica.

8.2 Eugen Ehrlich

Ehrlich (1862-1913) foi um dos principais representantes da chamada escola sociológica do Direito, sendo usualmente identificado como o fundador da escola do direito livre, que via a aplicação do direito livre com a finalidade de buscar a justiça. Dedica especificamente ao tema da sociologia jurídica a conhecida obra *Fundamentos de sociologia do Direito*.

Uma de suas principais contribuições foi a crítica às questões tratadas pelos juristas que mantinham suas ideias de uma ciência jurídica num nível que apenas apreendia o Direito numa realidade extremamente superficial. Para ele, tal trato com a ciência jurídica não passa do estudo de uma doutrina técnica (*Kunstlehre*), e não efetivamente de um estudo jurídico compromissado com sua realidade.

Sua crítica se espalha sobre a formatação que recebera o Direito até aquele momento. Isso o faz chegar à ideia de um direito social subjacente, o direito da sociedade, com a função de organização social pacífica interna e que cabia à sociologia jurídica estudar.

8.3 Novos rumos da sociologia jurídica alemã

De modo clássico, Weber e Ehrlich são os dois autores reconhecidos como precursores da sociologia jurídica na Alemanha. No entanto, há outros importantes pensadores que merecem destaque, como Johann Friedrich Wilhelm Jerusalem (1709-1789) e Theodor Geiger (1891-1952). Outras importantes contribuições são de autores que escrevem na língua alemã, como Julius Kraft, Hermann Kantorowicz e Niklas Luhmann, bem como de Jürgen Habermas, Helmut Schelsky, Karl Dieter-Opp, Klaus Röhl, Gunther Teubner, Karl-Heinz Ladeur, entre outros.

A teoria dos sistemas: Niklas Luhmann (1927-1998) se destaca com sua teoria holística de aplicação generalizada no âmbito das ciências formais e empíricas, tanto naturais como sociais, e tem como distinção fundamental a relação entre "sistema" e "meio ambiente". Vejamos alguns pontos importantes dessa teoria.

- **Sistema e meio ambiente:** a distinção entre sistema e seu meio ambiente é utilizada para explicar tudo o que pertence a determinado sistema e o que está fora, no ambiente circundante, como elementos de outros sistemas ou não.

- **Conceito de sociedade:** o desenvolvimento dessa teoria ocorre a partir de um conceito de sociedade. Para Luhmann, sociedade é a "sociedade mundial" que se forma modernamente. O que compõe a sociedade não são os seres humanos que a ela pertencem, mas sim a comunicação entre eles, que nela circula de várias formas, nos diversos subsistemas funcionais, tais como: direito, economia, arte, religião, ciência etc.

- **Organização:** a "organização" é o que qualifica um sistema como complexo ou como uma simples unidade que possui características próprias decorrentes das relações entre seus elementos, mas que, no entanto, não são características desses elementos.

- **Conceito de *autopoiesis*:** o conceito de *autopoiesis* adotado por Luhmann foi desenvolvido por Maturana e Varela para afirmar que os subsistemas funcionais da sociedade são sempre autorreferenciais, ou seja, produzem e reproduzem a si próprios. Eles constituem seus componentes pelo arranjo próprio desses componentes, o que constitui propriamente sua unidade e, portanto, seu fechamento *autopoiético*. A extensão do conceito de autorreferência do nível agregado da estrutura para o nível dos elementos do sistema constitui, segundo Luhmann, a mais importante contribuição da teoria de Maturana e Varela para o entendimento de todo esse processo.

  – Um sistema autopoiético é o sistema dotado de organização autopoiética, no qual há a (re)produção dos elementos de que se compõe o sistema e que geram sua organização, pela relação reiterativa, circular entre eles.

- Afigura-se como um sistema autônomo, pois nele o que se passa não é determinado por nenhum componente do ambiente, mas sim por sua própria organização, formada por seus elementos. O fato de ser autônomo indica sua condição de clausura, ou seja, ser "fechado" diante do ponto de vista de sua organização, não havendo entrada (*inputs*) nem saídas (*outputs*) para o ambiente, pois os elementos interagem nele e por meio dele.

- Para Luhmann, apenas a comunicação se autoproduz, razão pela qual se qualificam como autopoiéticos os sistemas de comunicação da sociedade.

Importante

O sentido da comunicação varia de acordo com o sistema no qual ela está sendo veiculada e as pessoas são meios (*media*) dessas comunicações. Esses componentes, contudo, não pertencem aos sistemas sociais, e sim ao seu meio ambiente. Para tentar esclarecer um pouco: os seres humanos, enquanto seres biológicos, são sistemas biológicos autopoiéticos e, enquanto seres pensantes, são também sistemas psíquicos autopoiéticos.

A linguagem é a primeira condição para que se dê o acoplamento (estrutural) entre sistemas auto (conscientes) e sistemas sociais (autopoiéticos) de comunicação. O acoplamento necessita ser viabilizado por certos meios (*media*).

O meio principal que Luhmann usa como exemplo de acoplamento entre o sistema de direito e o sistema de política são as constituições, o que nos remete ao entendimento de que o Judiciário é a organização que ocupa o centro do sistema jurídico — as cortes constitucionais, nesse caso, estariam no "centro do centro" do sistema jurídico —, pois determinam, em última instância, o que é ou não direito, da mesma forma que os demais poderes do Estado — Legislativo e Executivo — ocupam o centro do sistema político.

EM RESUMO:

Sociologia é a ciência que tem por objeto estudar a interação social dos seres vivos nos diferentes níveis de organização da vida.

Os precursores da Sociologia	Alguns consideram que a Sociologia nasceu com o pensamento de Augusto Comte, outros acreditam que suas origens remontam à Filosofia clássica grega, chinesa ou indiana.
Os fundadores da Sociologia	Augusto Comte, Herbert Spencer, Frédéric Le Play e Karl Marx.
A Sociologia se descola da Filosofia	Um dos primeiros esforços para liberar a Sociologia de toda união com a Filosofia se iniciou com a exploração da busca do "fator determinante" na vida social. Nesse período, constituíram-se as escolas geográfica, biológica, tecnológica e psicológica.
Sociologia *do* ou *no* Direito? O Direito como Ciência Social	A sociologia jurídica, que não é senão a sociologia mesma, que tem por objeto o estudo da experiência jurídica, mostra-nos como os homens se comportam em confronto com as regras de Direito. O surgimento das normas jurídicas, evidentemente, está ligado à ideia de que o homem é um ser social, e que se impõem, para sua convivência com os outros, limitações de sua conduta, interagindo de distintas formas com ações no meio social em que vive.

Algumas subdivisões da Sociologia do Direito	Abordagens de Georges Gurvitch, Recaséns Siches e Léon Duguit.
A sociologia jurídica na França	Émile Durkheim, Léon Duguit, Lévy-Bruhl, Marcel Mauss, Georges Gurvitch e sociólogos franceses contemporâneos.
A sociologia jurídica na Alemanha	Max Weber, Eugen Ehrlich e a teoria social sistêmica elaborada por Niklas Luhmann.

Bibliografia

ABBAGNANO, Nicola. *Dicionário de filosofia*. 4. ed. São Paulo: Martins Fontes, 2000.

ASCENSÃO, José de Oliveira. *O direito*: introdução e teoria geral. 2. ed. Rio de Janeiro: Renovar, 2001.

BOBBIO, Norberto. *Da estrutura à função*: novos estudos de teoria do direito. 2. ed. São Paulo: Manole, 2007.

BOBBIO, Norberto; MATTEUCCI, Gianfranco Pasquino Nicola. *Dicionário de política*. São Paulo: Imprensa Oficial do Estado de São Paulo, 2005.

CARNIO, Henrique Garbellini. Direito e ideologia: o direito como fenômeno ideológico. *Revista Eletrônica Acadêmica de Direito. Law e-journal. Panóptica*, 17. p. 95-107, 2009. Disponível em: http://www.panoptica.org/novfev2009pdf/05_2009_2_nov_fev_95_107pp.pdf. Acesso em: 7 ago. 2012.

CHAUÍ, Marilena. *O que é ideologia?* 14. ed. Brasília, DF: Brasiliense, 1984.

DELBEZ, Louis. *Le grands courants de la pensée politique française depuis le XIX siècle*. Paris: Librairie Générale de Droit et de Jurisprudence, 2007.

DURKHEIM, Émile. *Montesquieu e Rousseau*. Trad. Julia Vidili. São Paulo: Madras, 2008.

GARBI, Adrian. *Clássicos de teoria do direito*. 2. ed. Rio de Janeiro: Lumen Juris, 2009.

GURVITCH, Georges. *Elementos de sociologia jurídica*. Puebla: Editorial Jose M. Cajica Jr., 1948.

JOLIVET, Régis. *Traité de philosophie*. 20. ed., trad. Eduardo Prado de Mendonça. Rio de Janeiro: Agir, 2001. vol. V.

KANT, Emanuel. *A religião nos limites da simples razão*. Paris: Librairie Vrin, 1983.

KAUFMANN, Arthur. *Filosofia do direito*. Lisboa: Fundação Calouste Gulbenkian, 2004.

MELLO, Marcelo Pereira de. A perspectiva sistêmica na sociologia do direito: Luhmann e Teubner. *Tempo social, Revista de Sociologia da USP*, São Paulo, v. 18, n. 1.

MIZUKAMI, Pedro Nicoletti. *O conceito de Constituição no pensamento de John Rawls*. São Paulo: IOB Thomson, 2006.

NERY, Rosa Maria de Andrade. *Introdução ao pensamento jurídico e à teoria geral do direito privado*. São Paulo: RT, 2008.

PLATÃO. *A República*. São Paulo: Martin Claret, 2002.

RAWLS, John. *Uma teoria da Justiça*. Trad. Almiro Pisetta e Lenita M. R. Esteves. São Paulo: Martins Fontes, 1997. Prefácio.

REALE, Miguel. *O direito como experiência*. São Paulo: Saraiva, 1968.

SABADEL, Ana Lucia. *Manual de sociologia jurídica*. São Paulo: RT, 2008.

SICHES, Luis Recaséns. *Tratado de sociologia*. Porto Alegre: Globo, 1969. v. II

SOUTO, Cláudio. *Introdução ao direito como ciência social*. Rio de Janeiro: Tempo Brasileiro, 1971.

SOUTO, Cláudio; SOUTO, Solange. *Sociologia do direito*: uma visão substantiva. 2. ed. Porto Alegre: Sergio Antonio Fabris, 1997.

VILANOVA, Lourival. *Estruturas lógicas e o sistema de direito positivo*. São Paulo: Noeses, 2005.

WIEACKER, Franz. *História do direito privado moderno*. 3. ed. Lisboa: Fundação Calouste Gulbenkian, 2004.

WOLFF, Francis. *Sócrates*. 4. ed. São Paulo: Brasiliense, 1987.